Berkel/Lochner
Führung: Ziele vereinbaren und Coachen

W0035029

Über die Reihe »Management und Karriere«

In der Reihe »Management und Karriere« werden relevante Fragestellungen der Führung, der Zusammenarbeit und des Personalmanagements von renommierten Hochschulprofessor/innen sowie von erfahrenen Praktikern anwendungsorientiert dargestellt.

Diese Reihe will einen Beitrag zur Verbesserung der Führung und Zusammenarbeit in Unternehmen leisten. Ihr Kennzeichen ist die Verbindung von Praxis und Wissenschaft: Wissenschaftlich fundierte Ergebnisse werden anwendungsorientiert dargestellt und mit Hinweisen für die Umsetzung in der Unternehmenspraxis verbunden. Die komprimierte und anschauliche Darstellung erlaubt es, einen schnellen Überblick über das jeweilige Thema und die damit verbundenen Fragestellungen zu gewinnen.

Die einzelnen Bände richten sich an Praktiker ebenso wie an Wissenschaftler, die sich mit Fragen der Veränderung und Umsetzung in Organisationen beschäftigen, und an Studenten der entsprechenden Fachrichtungen.

Die Herausgeber

Prof. Dr. *Friedemann W. Nerdinger,* Jg. 1950. Seit 1993 Professor für Wirtschafts- und Organisationspsychologie an der Universität Rostock.

Prof. Dr. *Erika Regnet,* Jg. 1962. Seit 1997 Professorin für Personalwirtschaft und Allgemeine BWL an der FH Würzburg-Schweinfurt-Aschaffenburg.

Prof. Dr. *Lutz von Rosenstiel,* Jg. 1938. Seit 1977 Professor für Wirtschafts- und Organisationspsychologie an der Universität München und Leiter des Institutsbereichs für Organisations- und Wirtschaftspsychologie. Seit 1992 Prorektor der Universität München.

Karl Berkel · Dorette Lochner

Führung:
Ziele vereinbaren
und Coachen

Vom Mit-Arbeiter zum Mit-Unternehmer

Beltz Verlag · Weinheim und Basel

Prof. Dr. *Karl Berkel*, Jg. 1943, arbeitet als apl. Professor an der Universität München und als Führungskräftetrainer. Er berät bei Personalkonzeptionen und Entwicklungsprozessen und coacht Führungskräfte.

Dr. *Dorette Lochner*, Jg. 1958, ist bekannt als Kommunikations- und Führungskräftetrainerin. Schwerpunkte: Teambildung, Einzelcoaching, Strategieworkshops.

Gesetzt nach den neuen Rechtschreibregeln
Lektorat: Ingeborg Sachsenmeier

© 2001 Beltz Verlag · Weinheim und Basel
www.beltz.de
Herstellung: Klaus Kaltenberg
Druck: Druckhaus Beltz, Hemsbach
Umschlagabbildung: Bavaria Bildagentur, München
Printed in Germany

ISBN 3-407-36021-5

Inhaltsverzeichnis

Vorwort

Es gibt unzählige Bücher über Führung, viele über Ziele und nicht wenige über Coaching. Wozu ein neues Buch? Zunächst, was wir nicht beabsichtigen: Wir wollen weder eine Zusammenfassung noch einen Überblick liefern, was angesichts der Fülle nur noch schwer zu überblickender Literatur ohnehin nicht zu leisten wäre.

Uns liegt vielmehr daran, anhand eines übersichtlichen Modells wesentliche Linien des Zusammenhangs Führung – Ziele – Coaching herauszuarbeiten. Dieses Modell liegt unseren Trainings, Workshops und Beratungen zugrunde. Es ist einfach, aber nicht simpel, es reduziert, aber unterschlägt nichts. Dadurch schafft es Überblick und erlaubt, bei aller Komplexität den Kern der Thematik nicht aus den Augen zu verlieren.

Wir bieten keinen schematischen Ablauf, der als Rezept hergenommen und in einem beliebigen Unternehmen einfach eingesetzt werden könnte. Unser Anspruch ist höher: Wir wollen bei Führungskräften und Personalfachleuten Ideen wecken und Initiative freisetzen, ihre Führungspraxis zielorientiert, sensibel, wirkungsvoll und glaubwürdig wahrzunehmen.

Viele Unternehmen haben schon jahrelang erprobte Verfahren der Zielvereinbarung, des Mitarbeitergesprächs, der Mitarbeiterbeurteilung, einige haben neuerdings auch Erfahrungen mit Coaching. Diese Themen, davon sind wir überzeugt, gehören zum eisernen Bestand von Führung. Unabhängig von Modetrends erscheint es uns wichtig, Kernelemente des Führens herauszuarbeiten, neu zu bedenken und in einer veränderten Sprache festzuhalten. Werner Menzel danken wir für kritische Begleitung, kreative Vorschläge und nimmermüdes Fragen.

München, Juli 2000   *Karl Berkel und Dorette Lochner*

Einführung
Wozu Führen mit Zielen und Coaching?

Fragen, auf die wir in diesem Kapitel Antwort geben

❖ Welches Führungs- und Organisationsverständnis steht hinter Führen mit Zielen und Coaching?

❖ Wie hängt Führen mit Zielen und Coaching zusammen?

❖ Worin unterscheidet sich Führen mit Zielen und Coaching vom klassischen Management by Objectives?

❖ Was ist neu an Führen mit Zielen und Coaching?

❖ Worin liegt der Nutzen von Führen mit Zielen und Coaching für Mitarbeiter, die sich als »Ich-AG« vermarkten wollen?

❖ Hat Führen mit Zielen und Coaching in Zeiten globaler Unternehmensfusionen überhaupt einen Sinn?

❖ Weshalb ist es für Organisationen zeitgemäß, Führen mit Zielen und Coaching systematisch zu betreiben?

Ziele und Coaching, so unsere These, stehen in Zusammenhang. Ziele sind der Zweck, Coaching der Weg. Zielerreichung ist der Auftrag des Führenden, Coaching die flexible, situationsangemessene Methode. Dieser Bezug ist das Ergebnis eines Entwicklungsprozesses, der das Denken über Führung schrittweise verändert hat. Verstärkt wurde diese Entwicklung durch eine Verschiebung der Akzente menschlicher Motivation, genauer: des Menschenbildes – weg von der passiv-reagierenden hin zur aktiv-agierenden Person.

Vom Motiv zum Ziel

Wann stellen wir die Frage »warum«? In der Regel immer dann, wenn etwas geschieht, das wir nicht verstehen. Oder wenn wir wissen wollen, wie eine Situation zustande gekommen ist. Wir suchen nach einer Begründung oder Erklärung. Mit der Frage »warum« forschen wir nach *Ursachen*, blicken wir zurück. Die Frage »warum« ist vergangenheitsbezogen. Die Antwort macht uns – nachträglich – wissender.

Anders die Frage »wozu«. Sie stellen wir, wenn wir herausfinden wollen, was wir durch unser Handeln bewirken, erreichen, bezwecken wollen. Mit der Frage »wozu« suchen wir nach *Zielen*, blicken wir voraus. Die Frage »wozu« ist zukunftsbezogen. Die Antwort lenkt – vorwegnehmend – unser Handeln.

Beide Frageweisen eröffnen jeweils einen anderen Zugang zum Verständnis menschlichen Erlebens und Verhaltens:

❖ Die *kausale* Sicht deckt Motive und Bedürfnisse auf, die eine Person zum Handeln antreiben.

❖ Die *finale* Sicht enthüllt Zustände und Ergebnisse, die sie anstreben und verwirklichen will.

Mit kausalem Denken *re-agieren* wir, vorwiegend auf Störungen, Probleme, Unklarheiten, deren *vergangene* Ursache wir uns klarmachen wollen. Mit finalem Denken entwerfen wir *pro-aktiv* Ziele, Zwecke, Wunschzustände, die wir herbeiführen wollen. Beide Fragerichtungen akzentuieren ein jeweils anderes Menschenbild. Während (tiefen-)psychologische Schulen menschliches Verhalten als überwiegend determiniert ansehen, hebt die humanistische Sicht die schöpferische Selbstbestimmung des Menschen hervor. Sigmund Freud (wie Karl Marx) behaupten: *Die Umstände machen den Menschen.* Jean-Paul Sartre (und übrigens auch schon Aristoteles) halten mit der klassischen Anthropologie dagegen: *Die Umstände offenbaren, was in einem Menschen steckt.* Weil Führen elementar um Ziele kreist, ist die Frage »wozu« wichtiger als die Frage »warum«. »Wozu« ist die Führungsfrage schlechthin. Sie lenkt die Aufmerksamkeit von Motiven, die uns prägen, auf Ergebnisse und Wirkungen, die wir prägen.

Vom reaktiven Mitarbeiter zum proaktiven Mitglied

Die Akzentverschiebung im Menschenbild, von der kausal-reagierenden zur final-entwerfenden Person, wirkt sich unmittelbar auf das Führungsverständnis aus. *Führen* heißt nach einer pragmatischen Definition von Rainer Stroebe (1996, S. 13), einen Mitarbeiter bzw. eine Gruppe im Rahmen der Leitidee bzw. des Auftrags der Organisation auf vereinbarte Ziele hin beeinflussen.

Führung soll sicherstellen, dass eine Organisation ihren Zweck erfüllt. Sie legitimiert sich allein durch diese instrumentelle oder (altertümlich) *dienende* Funktion. Das schließt nicht aus, dass Führende ihre persönlichen Ziele verfolgen, doch sind diese nachgeordnet. Wird die Rangfolge umgedreht, instrumentalisieren Führende eine Organisation für ihre Zwecke – und missbrauchen damit ihren eigentlichen Dienst. Auftrag und Zweck einer Organisation erfüllen Führende, indem sie *gemeinsam* mit ihren Mitarbeitern unter *wechselnden* Bedingungen jene *Ziele* verwirklichen, die erkennbar den Zweck realisieren. Im Mittelpunkt allen Führens stehen deshalb die den Zweck verwirklichenden Ziele und, wenn realisiert, Ergebnisse (Malik 2000, S. 65ff.). Hier setzen *Fragen ein*:

❖ Um wessen Ziele geht es überhaupt? Haben Mitarbeiter in einem multinationalen Großkonzern eine reelle Chance, ihre Ziele mit dem fernen Headquarter auszuhandeln?
❖ Ist es überhaupt sinnvoll, in einer sich rasch ändernden Welt feste Ziele zu setzen? Kommt nicht der schneller voran, der offen bleibt und jede Gelegenheit »am Schopfe packt«?
❖ Welchen Stellenwert haben nach einer Unternehmensfusion die zuvor ausgehandelten Zielvereinbarungen?
❖ Was soll dieser ganze Prozess der Zielvereinbarung, wenn jedes Unternehmen nur drei Ziele kennt: Profit, Profit, Profit?

Mit dem Thema »Ziel« stoßen wir in den Kern jedes Organisations-
und Führungsverständnisses. Auch unseren Ausführungen liegt ein
bestimmtes Konzept zugrunde: ein *anthropologisch begründetes
psychologisches Organisationsmodell* (Berkel/Herzog 1997, S. 62f.).
»Der Mensch steht im Mittelpunkt«, häufig so dahingesagt, entspricht dieser Psycho-Logik.

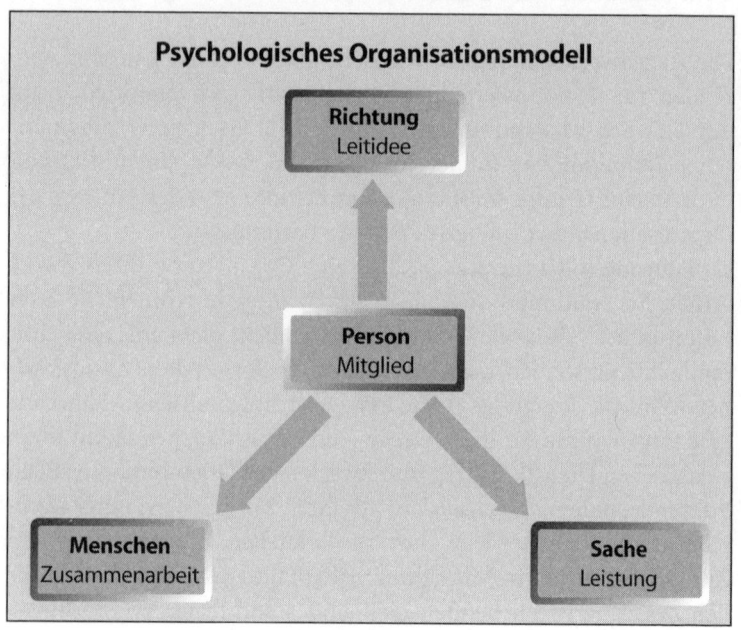

Ziele in Organisationen sind genauso vielschichtig. Ihr Bedeu-
tungsspektrum erstreckt sich auf vier zentrale Bezugsfelder:

- ❖ das *ideelle* der Unternehmenskultur,
- ❖ das *ökonomische* der Effizienz,
- ❖ das *psychologische* der Motivation und
- ❖ das *persönliche* des individuellen Mitglieds.

Ein komplexes Verständnis von Zielen verändert notwendigerweise
die Auffassung von Führen und Arbeiten. Damit eine Organisation
in Zeiten rascher Änderungen ihre Ziele erreicht, ist sie auf Men-

schen angewiesen, die ihre Arbeit organisationsbezogen und unternehmerisch ausrichten. Dies fordert einen Perspektivenwechsel vom (entlohnten) Mitarbeiter zum (teilhabenden) *Mitglied*. Wir skizzieren ihn an der Veränderung des Führungsverständnisses.

Vom Gehorchen zum Gestalten

Wer führt, will etwas erreichen: Macht, Zuneigung, Herrschaft über die Seelen, Besitz materieller oder immaterieller Güter usw. Um diese »Ziele« zu erreichen, setzen Führende bestimmte Akzente:

❖ Sie bestimmen Richtung und Ziele.
❖ Sie nehmen Einfluss auf andere, um die Ziele zu erreichen.
❖ Sie kontrollieren das Ergebnis ihres Tuns.

Diese drei Entscheidungen – *Richtung* voranstellen, *Ergebnisse* sicherstellen, *Zusammenarbeit* herstellen – machen die konstante *Substanz* von Führung aus, in jeder Organisation, zu jeder Zeit. Was sich ändert, ist die Art und Weise, wie Führende diese Konstanten gestalten und miteinander verbinden. Die *Form,* der Prozess von Führung ist zeitbedingt und wandelt sich.

Führen via Befehl: Anweisung

Die älteste Führungsmethode ist der Befehl. Der Führende weiß, was er will, trifft – mit oder ohne Beratung – seine Entscheidung, befiehlt die Ausführung und überwacht sie.

Eine solche Führungspraxis ist erfolgreich, wenn der Führende über alles informiert ist, das Wichtigste sofort erkennt, sein Handwerk gründlich versteht, alles unter Kontrolle hat und alle sofort gehorchen, wenn er befiehlt, was wer wie zu tun hat.

Fehlen diese Bedingungen vollständigen Wissens, totaler Kontrolle und handwerklicher Überlegenheit, läuft Führen via Befehl Gefahr, dass eine falsche Entscheidung gefällt und zum falschen Zeitpunkt falsch ausgeführt wird.

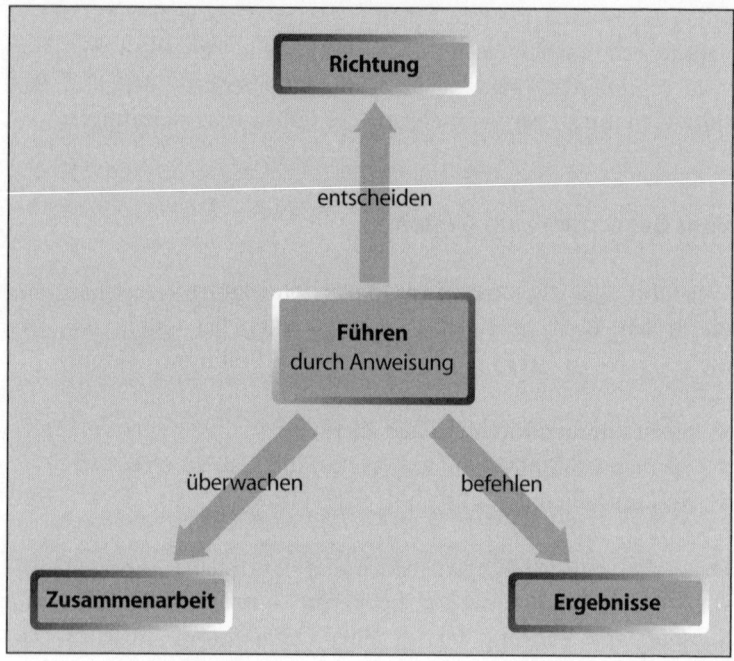

Vor allem das Paradox totaler Kontrolle macht diese Führungsform zum riskanten Spiel. Wenn der Führende alles und alle im Griff hat, können die Geführten sich auch nur so weit bewegen, wie sein Griff es zulässt. Gleichzeitig ist er darauf angewiesen, dass sie seine Befehle intelligent ausführen. Dazu muss er die Kontrolle lockern und Spielräume zugestehen, damit die Geführten nicht »den Flicken exakt neben das Loch setzen«. Deshalb haben Führende schon früh begriffen, dass sie Spielräume zulassen müssen.

Führen via Aufgabe: Delegation

Der Führende bestimmt auch hier die Richtung allein, sucht geeignete Leute, teilt ihnen Aufgaben und die nötigen Mittel zu.

Auch beim Auftrag gibt der Führende die Ziele vor, doch räumt er genug Freiräume ein, damit die Leute selber den besten Weg herausfinden und ihn am geschicktesten gehen.

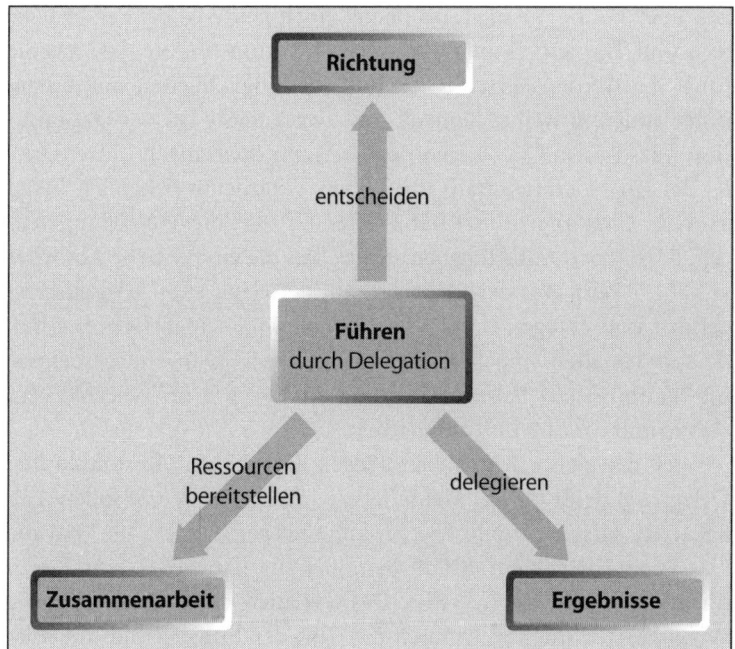

Führen durch Delegation hat gravierende Schwächen. Die Mitarbeiter kennen nicht oder nur unzureichend das Ziel, deshalb können sie sich mit ihm auch nicht identifizieren. Sie erledigen die Aufgabe, indem sie die Anweisungen konsequent befolgen, können deshalb nicht flexibel reagieren. Da sie die Ergebnisse nicht kennen (brauchen), sind Zeit und Mühe ihr Maßstab, um die Leistung zu beurteilen.

Führen via Aufgabe funktioniert, wenn die Geführten sowohl das vorgegebene Ziel übernehmen als auch fähig und willens sind, den besten Weg herauszufinden. Delegation ist dort erfolgreich, wo eine Organisation in einer stabilen Umwelt agiert und überwiegend wiederkehrende Routineaufgaben anfallen. Ändert sich die Umwelt jedoch und fordert statt Routine innovatives Handeln, wird Führen durch Delegation problematisch: Die Mitarbeiter können nicht mit-handeln, weil sie nicht mit-denken durften.

Befehl und Beauftragung stammen aus der Praxis des Militärs, der Verwaltung, der Kirche. Diese Institutionen haben unser Den-

ken über Führen geprägt, bis heute. Noch heute ist bei Personallei-
tern und Trainern eine Frage beliebt: »Warum tun Sie das, was Sie
tun?« Es werden verschiedene Antwortmöglichkeiten angeboten,
unter anderem weil es sinnvoll und zweckmäßig ist, der Organisation nutzt, mein Chef angeordnet hat, mir Spaß macht. Zwei Drit-
tel der (nicht repräsentativ) befragten Mitarbeiter geben an: »Weil
es mein Chef angeordnet hat.« Offenbar sitzt die Vorstellung sehr
tief, dass Arbeit mit Aufgaben zu tun hat, die eine externe Autorität
aufgibt – kein Wunder, denn jahrhundertelang sind Menschen so
geführt und erzogen (!) worden. Es hat wohl seinen tieferen Sinn,
dass in den alten Sprachen »führen« und »erziehen« eine gemeinsame Stammwurzel haben: *agein* und *paidagogein* im Griechischen,
ducere und *educare* im Lateinischen.

»Ich delegiere ... Aufgaben«, sagen die meisten Führungskräfte.
Delegieren heißt für sie, Menschen zu sagen, was sie *tun* sollen. Der
bekannte Missionsbefehl Jesu an seine Jünger (Mt 28, 19f.) hat die
klassische Form einer Beauftragung: Jesus hat weder von Zielen
noch von Ergebnissen geredet. Das war auch nicht nötig, denn die
Wirkungen würden sich durch das Tun der Jünger (und die Hilfe
des Heiligen Geistes) einstellen, wenn die Zeitspanne nur lang genug gefasst ist. Die an Beschleunigung zunehmenden Entwicklungen der Neuzeit verlangen von Organisationen eine andere Zeitper-
spektive und damit Führungsweise.

Führen durch Zielsetzung: Management by Objectives

Eine Organisation kann heute nicht einfach darauf vertrauen, dass
sich der Erfolg schon einstellen werde, wenn alle nur die Anweisungen befolgten. Sie ist darauf angewiesen, den Erfolg selbst zu planen. Das Führungskonzept *Management by Objectives* (MbO), in
den 50er-Jahren zuerst von Peter Drucker (1954) für den Vertrieb
vorgeschlagen, will genau dies. Sein Grundgedanke ist einfach: Das
Top-Management definiert die für die Organisation notwendigen
Ergebnisse als strategische Ziele, leitet aus ihnen operative Ziele ab,
bricht sie auf die nächsten Ebenen herunter und »vereinbart« sie
mit den nachgeordneten Führungskräften oder Experten.

Die strategischen Ziele fungieren als Ziel*vorgabe*, die der Mitarbeiter durch die *vereinbarten* Ziele des Tagesgeschäfts erfüllt. Aufgabe von Führung ist es, dem Mitarbeiter die strategischen Ziele einsichtig zu machen, die Ableitung für seinen Arbeitsbereich zu verdeutlichen, konkrete Arbeitsziele mit ihm zu vereinbaren, ihn während des Vollzugs je nach Reifegrad zu unterstützen, die Ergebnisse zu bewerten, die Ursachen für Erfolg oder Misserfolg herauszufinden und Maßnahmen einzuleiten.

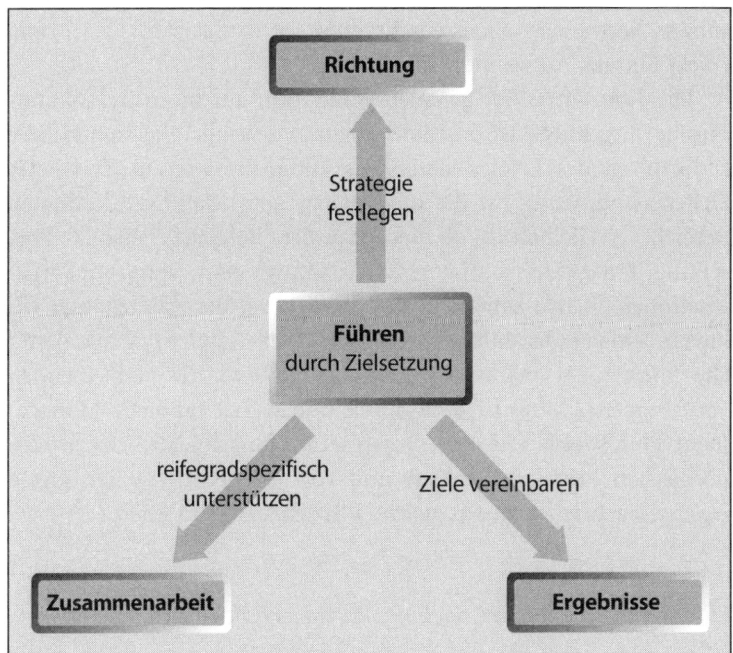

MbO stellt an Führende hohe Ansprüche. Sie können sich nicht bloß auf Informieren, Instruieren und Delegieren beschränken, sie sind gefordert, den gesamten Prozess der Zielerstellung aktiv zu begleiten, angefangen von der Setzung der strategischen Ziele bis zur periodischen Bewertung der operativen Ergebnisse. MbO gilt bis heute in vielen Organisationen als *die* Führungsmethode schlechthin. Und sie hat in der Tat dazu beigetragen, eigenständiges, zielorientiertes Denken und Arbeiten bei den Mitarbeitern zu erhöhen.

Die Kehrseite darf freilich auch nicht übersehen werden. Durch die Konzentration auf vorwiegend messbare Ergebnisse kann das Management komplexe wirtschaftliche, technische und finanzielle Entwicklungen mittels MbO nur dadurch steuern, dass es sie vereinfacht und reduziert: Allein Ergebnisse zählen (*nicht* Prozesse und Rahmenbedingungen), allein messbare Ergebnisse zählen (*nicht* schwierig zu messende, gleichwohl wichtige Qualitäten: Werte, Sinn, Erfüllung); allein ergebnisorientierte Tätigkeiten sind relevant (*nicht* andere, gleichwohl unerlässliche Aufgaben: Klima, Atmosphäre, Vertrauen); allein das Ergebnis ist Maßstab für den Erfolg (*nicht* Einsatz, Aufwand, Mühe).

Die Konzentration, genauer: Reduktion auf messbare (ökonomische) Ergebnisse ist dort vorteilhaft, wo sie alleinige und sichere Indikatoren des Erfolgs sind. Dies gilt heute wie zur Zeit Peter Druckers eindeutig für die unmittelbar dem Markt zugeordneten Bereiche, zweifelhaft ist, ob dies für andere Bereiche (Personal, Forschung, Entwicklung, strategische Planung) oder Nonprofit-Organisationen ebenso zutrifft. Unter dem Diktat des »shareholder value« beseitigen Organisationen diesen Zweifel, indem sie alle Bereiche konsequent marktförmig ausrichten und die verbleibenden »outsourcen«. MbO ist eine durch und durch rationale Management-Philosophie, die eine Organisation ausschließlich nach ökonomischen Prinzipien steuert und von jedem Mitarbeiter, gleich welcher Fachrichtung, das gleiche Effizienzdenken fordert.

Führen mit Zielen und Coaching: Partnerschaft

Die 90er-Jahre des ausgehenden 20. Jahrhunderts waren durch einen radikalen Umbau der Unternehmensstrukturen (»business reengineering«), weit greifende Unternehmensfusionen und globale Ausrichtung gekennzeichnet. Die Steuerbarkeit größer werdender Unternehmensgebilde ist erneut Thema. Bei Führungskräften oder Mitarbeitern entsteht ein kollektives Gefühl der Ohnmacht. Sie empfinden ihre weltweit agierende Organisation als anonymes System, das seinen eigenen, fast ausschließlich ökonomischen Gesetzmäßigkeiten folgt und von ihnen kaum mehr zu beeinflussen ist.

Menschen reagieren darauf, indem sie ihre *Identifikationsbereit-schaft zur Disposition stellen.* Wenn der Einzelne auf Organisationen und deren Politik immer weniger einwirken kann, so kann er doch die Ressourcen verknappen, auf die jede Organisation elementar angewiesen ist: sein Commitment, sein Engagement, seine Identifikation. Der Preis, den Organisationen für Flexibilität und Mobilität entrichten müssen, ist höher als sie bzw. das Topmanagement glauben. Er besteht in nichts Geringerem als in der Wandlung des Mitarbeiters zum Mitglied.

Damit Organisationen ihren eigentlichen Zweck und Auftrag unter den heutigen Bedingungen erfüllen können, reicht es nicht (mehr), alle Mitarbeiter auf messbare Ziele festzulegen. Der *Mitarbeiter* selbst wird zur entscheidenden Größe. Er muss sich mit dem Zweck und Auftrag identifizieren und zudem bereit und fähig sein, den Umständen gemäß flexibel zu reagieren, rasch umzudisponieren, ja sich selbst auf den Erfolg der Organisation hin zu disponieren. Warum sollte er dies tun? Warum sollte er sich nicht darauf beschränken, einfach auszuführen, was ihm angewiesen wird? Was könnte ihn bewegen, sich um die Organisation selbst zu kümmern?

Dies wird er nur dann tun, wenn er in den Zielen sich selber wieder finden und sie eigenständig verwirklichen kann. Um für die Organisation rasch entscheiden und disponieren zu können, muss er das Wissen und Know-how, die erforderliche Vollmacht, Zugang zu Ressourcen, den Status und die Einstellungen eines *Mitglieds*, eines Teilhabers, eines Intrapreneurs, kurz: eines *Partners* haben. Führung ändert sich damit erneut. Nicht mehr das Vereinbaren präziser Ziele und ihre kontinuierliche Überprüfung stehen im Mittelpunkt, sondern die viel anspruchsvollere Aufgabe, Mitarbeiter zu Mit-Unternehmern heranzubilden:

❖ sie überzeugen, sich auf die Wertrichtung der Organisation einzulassen und zu verpflichten (*Commitment*, Identifikation);

❖ sie befähigen, die materiellen und immateriellen Ressourcen der Organisation(seinheit) unternehmensbezogen und unternehmerisch zu mehren (*Wertschöpfung*, Beitrag);

❖ sie anspornen, Ziele flexibel und kompetent zu realisieren (*Professionalität*, Expertentum).

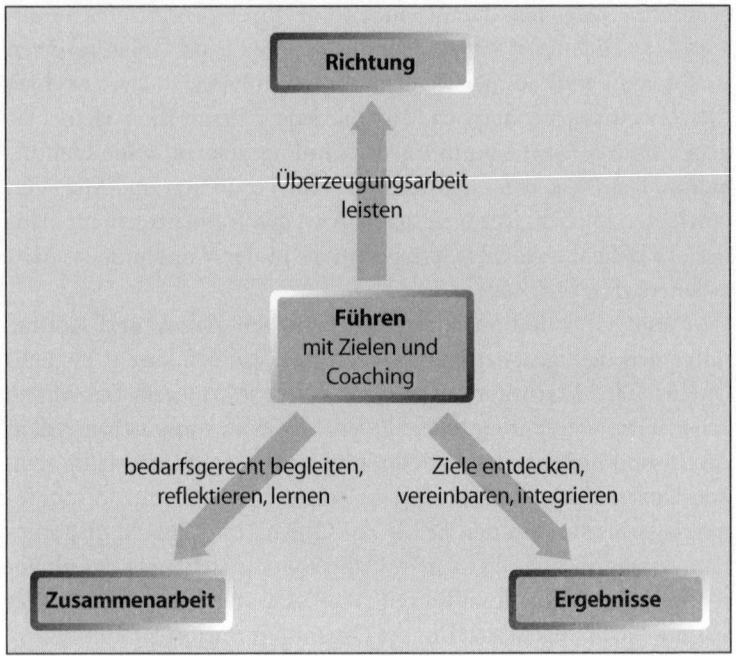

Jede Organisation lebt heute davon, dass der Mitarbeiter sich als Mitglied versteht, das *unternehmerisch* handelt und *unternehmensbezogen* denkt. Darüber entscheidet jeder selbst. *Mitarbeiter als Mitglieder haben den Einfluss auf Institutionen zurückgewonnen.*

Klug ist jene Organisation, die diesen Paradigmenwechsel begreift und ihrem Führungsverständnis zugrunde legt. Sie verlagert den Prozess des Führens mit Zielen von den nackten Zahlen und Ergebnissen auf die richtige Auswahl und Abstimmung der erfolgsrelevanten Größen. Sie hat begriffen, dass der gesamte Vorgang der Zielvereinbarung erweitert werden muss um die

❖ *Zielfindung vorher:* Alle, die Geschehnisse am Markt beobachten und Trends ausfindig machen können, sind zu animieren, ihre Ideen und Vorschläge einzubringen, damit daraus das Top-Management als Führungsteam die Werte, Visionen und strategischen Ziele festlegen, die Grundrichtungen vorgeben, Führungskräfte und Mitarbeiter darauf einschwören kann.

❖ *flexible Zieladaption dazwischen:* Die Führungskräfte fordern die Mitarbeiter als Mit-Unternehmer, finden gemeinsam mit ihnen jene Ziele, die als produktive, Frucht bringende zur Wertschöpfung des Unternehmens beitragen, unterstützen und begleiten Einzelne und Teams je nach Bedarf, sichern die fachliche und emotionale Bindung an die vereinbarten Ziele, agieren als begleitende Unternehmer und Personalentwickler.

❖ *gemeinsame Auswertung und Schlussfolgerung:* Alle Mitglieder reflektieren am Ende einer vereinbarten Periode Ergebnisse, Zusammenarbeit und Entwicklung, finden die maßgebenden Ursachen heraus, ziehen daraus für sich und die Organisation Lehren, wie das Unternehmen dazulernen und besser werden kann.

Der Prozess des Zielvereinbarens fordert deshalb heute weitaus mehr die kommunikativen Fähigkeiten des Überzeugens als die rational-methodischen der exakten Zielanalyse und -definition. Diese These muss jedoch gleich differenziert werden.

❖ Menschen mit *alternativ engagierter* Werthaltung sprechen auf Commitment angelegte Überzeugungsprozesse besonders an. »Alternativ Engagierte sind nach unseren Befunden flexibel, sehr leistungsorientiert und versprechen innovative Impulse. Damit erfüllen sie die zentralen Forderungen, die Unternehmen in den 90er-Jahren an hoch qualifizierte Mitarbeiter und Mitarbeiterinnen stellen.« (Rosenstiel/Nerdinger 2000, S. 156) Alternativ Engagierte weigern sich, sich als Mitglied, Partner, Intrapreneur zu verstehen, wenn sie nicht in den Prozess der Zielfindung und Zielvereinbarung glaubwürdig eingebunden sind.

❖ Menschen mit überwiegend *karriereorientierter* Werthaltung orientieren sich dagegen an einem pragmatischen Nutzenkalkül. Sie sind nur zu begrenztem Commitment und befristeter Loyalität bereit, sie denken und handeln wie »Söldner« (Klaus Doppler): Diese schuften für fremde Ziele, erwarten umgehend ihren Lohn und zögern nicht, die Herrschaft zu wechseln, wenn sie jemand anderer besser bezahlt. Identifikation ist für sie wichtig, wenn sie sich lohnt. »Wenn Sie Loyalität suchen, kaufen Sie sich einen Hund.« (Investmentbanker)

Übrigens hat schon Friedrich Schiller in seiner Jenaer Antrittsvorlesung 1789 eine ähnliche Unterscheidung getroffen (»Brotgelehrter« vs. »philosophischer Kopf«, 1984, S. 10ff.). Unterschiedliche Werthaltungen bestimmen die Art von Organisation, die wir heute und morgen haben werden. Die Konzepte »Shareholder« und »Stakeholder« machen die paradoxe Lage von Organisationen deutlich. Söldner kann man wie eh und je mit »Speck« anlocken und bei der Stange halten, je mehr, desto besser, was dann zulasten der Shareholder geht. Alternativ Engagierte jedoch, deren Arbeitshaltung das Ertragspotenzial der Shareholder steigert, lassen sich nur als Teilhaber und Partner gewinnen und behandeln. Jene Organisation handelt klug, die beide Werthaltungen zulässt, auf jeden Fall aber Menschen ermöglicht, sich als Mitglieder zu verstehen. Prüfstein dafür ist, ob eine Organisation die auf Konsens angelegten Prozesse der Zielvereinbarung zu ihrem inneren Entwicklungs- und Gestaltungsprinzip macht.

Karl Berkel hat Führen mit Zielen, Dorette Lochner Führen mit Coaching bearbeitet. Die organisationspsychologische Grundidee vertreten wir beide, die Darstellung hat jeder persönlich gestaltet, für den Inhalt zeichnen wir gemeinsam verantwortlich.

Fazit

Führung kreist im Kern um Ziele. Deren Stellenwert im Führungsprozess hat sich jedoch verändert.

Ursprünglich kennt allein der Führende die Ziele, er sieht auch keine Notwendigkeit, sie zu kommunizieren oder zu begründen, sondern beschränkt sich darauf, den Geführten genau zu sagen, was sie zu tun haben, ihnen bleibt nur übrig zu gehorchen. Der Führende versteht sich als *Chef:* Seine Macht reicht aus, um die Geführten mit Lohn und Strafe auf Trab zu bringen.

Die Ersetzung des Befehls durch das Übertragen von Aufgaben erweitert die Befehlsstruktur, die Geführten müssen selbst den besten Weg finden. Den Mitarbeitern wird *aufgegeben*, die Ziele flexibel und variabel zu realisieren. Der Führende entwickelt sich zum *Lehrer:* Er kennt Ziel und Weg, instruiert die Geführten, leitet sie an und bewertet das Ergebnis.

Führen mit Zielen (MbO) geht einen Schritt weiter. Die Erfordernisse der Organisation als Ziele zu formulieren und in die Köpfe der Geführten hineinzubringen, sie zu *zielorientiertem Denken und Arbeiten zu befähigen und zu motivieren* gilt als entscheidende Führungsaufgabe. Der Führende fungiert als *Entwicklungshelfer:* Er verdeutlicht das Ziel, vereinbart es mit den Geführten, klärt mit ihnen den besten Weg, unterstützt sie reifegradspezifisch und wertet gemeinsam mit ihnen das Ergebnis aus.

Heute schließlich erweitert sich das Spektrum noch einmal, und zwar ganz wesentlich um die Begleitumstände und Voraussetzungen, unter denen Ziele gefunden, aufrechterhalten, erweitert und bewertet werden. Damit ändert sich die Rolle des Führenden noch einmal: Er wird zum *Coach.* Er sieht seine Aufgabe darin, mit den Mitgliedern *produktive Ziele für die Organisation* herauszufinden und zu verwirklichen. Dazu muss er sicherstellen, dass alle den Auftrag, die Vision und Mission der Organisation verstehen, zur Richtschnur ihres Handelns machen, sich und ihre Arbeit daraufhin disponieren und die vereinbarten Ziele im Alltag eigenständig und geschickt so umsetzen, dass die Organisation ihren Auftrag erfüllt. Diese *wertbezogene, zielgerichtete* und *emphatische* Tätigkeit bezeichnen wir als *Coaching. Führen mit Zielen muss um Coaching erweitert werden.*

Teil I
Führen mit Zielen

Kapitel 1
Leitbild als Kompass für Ziele

Fragen, auf die wir in diesem Kapitel Antwort geben:

❖ Was unterscheidet personales und symbolisches Führen?
❖ Wozu braucht eine Organisation ein Leitbild?
❖ Wie ist ein Leitbild aufgebaut?
❖ Wie wird ein Leitbild entwickelt?
❖ Was ist der Nutzen eines Leitbilds für Führen mit Zielen?
❖ Wo liegen die Risiken leitbildorientierten Führens?

Ziele sind Ausgang und Endpunkt allen Führens. »Es kommt – im Management – nur auf die Resultate an.« (Malik 2000, S. 73) Dies ist die logische Folge der Tatsache, dass Organisationen selbst zweckhafte Gebilde sind. Sie entstehen nicht naturwüchsig, sondern sind von Menschen gemacht, um einen spezifischen *Zweck* zu erfüllen. Ihrem »Bauplan« liegt von Anfang an ein bestimmter *Auftrag* zugrunde. Aufgabe von *Führung* ist es, den Auftrag und Zweck einer Organisation unter wechselnden Bedingungen hochzuhalten, den Mitgliedern als Richtschnur ihres Denkens und Handelns vorzuhalten und im »täglichen Geschäft« kontinuierlich durchzuhalten.

Personale und symbolische Führung

Präsenz der Leitidee, Sicherstellung von Ergebnissen und Abstimmung gemeinsamen Handelns können Führende auf zweierlei Weise leisten: direkt durch *personales* Einwirken auf den Einzelnen oder indirekt durch *symbolisches* Handeln, das die Wertrichtung der Organisation für alle bedeutsam zum Ausdruck bringt.

Beides ist wichtig, aber nicht gleichrangig. Die personale Form der Führung ist in die Wertpräferenz der Organisation eingebunden. Marktorientierte Unternehmen werden andere Formen personaler Führung hervorbringen als soziale Dienstleistungsorganisationen, Forschungsinstitute oder politische Vereinigungen. Da jede Organisation einer leitenden Idee entspringt und folgt, hängt ihr Profil davon ab, inwieweit diese Idee in den Köpfen der Mitglieder präsent ist und ihr Denken, Entscheiden und Handeln bestimmt. Damit werden die materiellen (technischen, räumlichen, finanziellen) Gegebenheiten keineswegs abgewertet, wohl aber nachgeordnet. Die ideelle Ausrichtung oder *Leitidee*, wie wir es nennen, hat zeitlichen wie logischen Vorrang. Jede Leitidee beinhaltet eine *normative* und eine *kognitive* Komponente. Die normative betrifft die häufig als selbstverständlich vorausgesetzten Werte und verbindlichen Grundsätze, die kognitive die funktionale, analytisch oder intuitiv (»klug«) bedachte Erfolgsstrategie. Eine Leitidee gibt der Organisation und dem Tun der Mitglieder Sinn, Wert und Bedeutung. Sie »führt« gleichsam die Mitglieder indirekt und ist Maßstab für jegliches Führungshandeln. Wie eine Organisation Entscheidungen trifft, Ereignisse inszeniert und Rituale zelebriert, bringt zeichenhaft (»symbolisch«) ihre wirklichen Wertgehalte zum Ausdruck und ist daher eine äußerst wirksame symbolische (strukturelle) Form von Führung (von Rosenstiel 1999, S. 21f.).

Die direkte (personale) und die indirekte (symbolische) Weise von Führung müssen aufeinander abgestimmt sein. Stehen sie in Widerspruch zueinander oder unverbindlich nebeneinander, wird die Wirksamkeit personaler Führung nicht bloß abgeschwächt, sie wird fatalerweise ins Gegenteil umschlagen. Ohne überzeugende und verbindliche Ausrichtung werden noch so redliche Anstrengungen einer einzelnen Führungskraft nicht einfach bloß verpuffen, sondern kontraproduktive Wirkung entfalten. Nicht der träge Mitarbeiter stellt ein Motivationsproblem dar, sondern der enttäuschte. Es geht hier um nichts Geringeres als die *Glaubwürdigkeit* von Institutionen. Symbolische und personale Führung zu synchronisieren und zu integrieren ist eine wichtige Aufgabe von Human-Resource-Experten (D. Ulrich 1997, S. 53ff.). Führen mit Zielen fordert daher als Strukturrahmen ein *wertorientiertes Leitbild*.

Sinn und Nutzen eines Leitbildes

Das Leitbild ist ein Selbstporträt der Organisation. In ihm charakterisiert sie sich selbst, mit ihm stellt sie sich der Gesellschaft vor und dar. Gerade in turbulenten Zeiten droht die Gefahr, dass die Organisation ihren Auftrag aus den Augen verliert, die Führungskräfte sich auf das Tagesgeschäft und technische Details konzentrieren, die Mitglieder an überholten Verhaltensmustern festhalten. Ein Leitbild stiftet *Orientierung* nach innen und *Legitimation* nach außen. Den Mitgliedern gibt es Sinn und Richtung für ihr Tun, Außenstehenden eine plausible Begründung für die Existenz der Organisation. Die Besinnung auf das gemeinsame Leitbild bietet die Chance, notwendige Veränderungen auf eine solide Grundlage zu stellen und organisationsweit durchzusetzen. Dazu müssen alle Mitglieder ihren jeweiligen Beitrag erkennen und einordnen können. Knut Bleicher (1992, S. 13) fordert deshalb, dass ein Leitbild die unternehmenspolitischen Maßnahmen (Mission), die Managementsysteme (Strukturen) sowie das Arbeitsverhalten der Mitglieder (Kultur) miteinander verzahnt.

Das Leitbild stellt die gegliederte Verfasstheit einer Organisation in komprimierter Form dar. Auf der obersten Ebene ist der Existenzgrund der Organisation beschrieben: Zweck, Auftrag und Beitrag in und für die Gesellschaft. In diesem Selbstverständnis bringt die Organisation gleichsam ihre *Philosophie* zum Ausdruck. Diese abstrakt gehaltenen Grundaussagen benennen und begrenzen zugleich das Zielspektrum, auf das sich die Organisation ausrichtet, besonders in Bezug auf

❖ die sichtbare Erscheinung (Aufbau, Struktur, Arbeitsweise, Gebäude, Design, Ästhetik);
❖ die Art von Mitarbeiter, die sie sucht und wünscht (Qualifikation, Veränderungsbereitschaft, Flexibilität, Integrität);
❖ die Umwelt, die sie mitgestalten möchte (Kunden, Klienten, Bürger, öffentliche Einrichtungen);
❖ die Führungskräfte, deren Geist und Haltung sie nach innen präsentieren und nach außen repräsentieren (Führungsstil, Zusammenarbeit, Teilung der Verantwortung).

Ein Leitbild zu formulieren ist erstrangige Aufgabe *normativen Führens*. Eine Organisation kann ihre Philosophie nicht ständig ändern, sie ist vielmehr der Identitätsausweis, an dem sich Menschen in turbulenten Zeiten und unter beschleunigten Veränderungen orientieren.

Auf der zweiten, schon etwas konkreteren Ebene sind die Ideen, Szenarien, Zielsetzungen angesiedelt: die *Politik* der Organisation. Die Politik hat, aus dem Auftrag abgeleitet und darauf bezogen, *strategischen* Charakter. Sie setzt die Philosophie der Organisation für die einzelnen Subsysteme (Finanzen, Personal, Vertrieb, Produktion, Marketing) oder Geschäftseinheiten (Business Units) in Richtungs- oder *Schlüsselziele* sowie in Leit- oder *Richtlinien* um, zum Beispiel

❖ ein neues Produkt am Markt oder ein bekanntes Produkt in einer neuen Region platzieren;
❖ hohe Qualitätsstandards gewährleisten (etwa durch 30-tägiges Rückgaberecht);
❖ ökologisch verantwortlich handeln;
❖ sich nach innen und außen an ethischen Standards ausrichten;
❖ lernfähig sein und bleiben;
❖ als global player interkulturell sensibel agieren.

Richtungsziele geben, wie das Wort sagt, nur die Richtung an, nicht aber, wann sie wie gut erreicht sind. Oder sie bezeichnen, wenn man den Ausdruck *Schlüsselziele* bevorzugt, den Schlüssel, der alles weitere Vorgehen aufschließt und zugänglich macht. Richtungs- oder Schlüsselziele gelten mittelfristig, sind gleichsam die Korridore, innerhalb deren eine Organisation ihre konkreten alltäglichen Aufgaben ansiedelt. Die schriftliche Formulierung solcher Schlüsselziele dient der eigenen Vergewisserung, im Zweifels- und Konfliktfall entscheiden zu können, welche Alternative, welches weitere Vorgehen in die Richtung passt. Strategien sind flexible markt- und situationsbezogene Vorgehensweisen, die höchstens mittelfristig gelten können. Aufgabe des *strategischen Managements* ist es, Trends aufzuspüren, Engpässen vorzubeugen, Ressourcen zuzuteilen. Philosophie und Politik, Auftrag und Strategie dienen als *weg-*

weisende Vorgaben, innerhalb deren sich die Ziele von Teams und Mitarbeiter bewegen können.

Auf der untersten, der operativen Ebene des *täglichen Geschäfts* konkretisieren *Ziele* (und Aufgaben) die Umsetzung und detaillierte Realisierung des Unternehmenszwecks. Da die Situation vor Ort immer einmalig ist, kann sie das Topmanagement nicht genau wahr- und vorwegnehmen. Es ist deshalb auch nicht imstande, en detail Vorgaben zu machen. Jede Organisation ist darauf angewiesen, dass die Mitarbeiter gerade auf der untersten Ebene oder an der vordersten Front als im Auftrag der Organisation handelnde Mit-Unternehmer Ziele verfolgen, die dem Zweck und Auftrag der Organisation wirklich dienen. Deshalb können diese Ziele immer nur *vereinbart* werden, was bedeutet, dass die Organisation genug Spielraum nach unten geben muss, damit die Menschen vor Ort flexibel, also unternehmerisch agieren können.

Zielsysteme und Führungsfunktionen

Funktion der Führungsebenen	Systemebene der Organisation	Rolle der Führenden
Normative Führung	**Philosophie** Zweck, Auftrag, Werte, Vision, Leitidee	Pionier Visionär Innovator Führer
Strategische Leitung	**Strategische Ziele** der Geschäfts- und Funktionsbereiche	Analytiker Integrierer Entscheider Leiter
Operatives Management	**Operative Ziele** des Teams und des Mitarbeiters	Unternehmer Produzent Intrapreneur Manager

Aufbau eines Leitbildes

Ein Leitbild gibt in der Regel Antwort auf folgende fünf Fragen:

❖ **Warum** *(Mission):* Warum und wozu existieren wir? Was ist unser Auftrag, unser Zweck?

❖ **Was** *(Vision):* Welche Zukunft schaffen wir? Welche Art Unternehmen wollen wir in zehn Jahren sein? Welche Leitziele, Strukturen und Abläufe sind uns gemäß?

❖ **Normatives Wie** *(Werte):* Was ist uns wichtig? Auf welchen Grundwerten steht unser Unternehmen? Welche Grundsätze und Maximen sind für unser Verhalten untereinander und gegenüber anderen (Führung, Zusammenarbeit, Personalentwicklung, Umgang mit Kunden und Lieferanten) verbindlich?

❖ **Erfolgsorientiertes Wie** *(Strategie):* Wie setzen wir unser quantitatives und qualitatives Potenzial effektiv ein? Wo liegen unsere Leistungsstärke, Produktivität, Energiezentren, Synergie?

❖ **Wozu** *(Unternehmensziele):* Wo liegen unsere Schwerpunkte und Prioritäten? In welche Richtung setzen wir Akzente? Woran wollen wir uns messen und beurteilen lassen?

Philosophie und Politik, Leitbild und Strategie der Organisation müssen formuliert sein, weil sonst

❖ unklar ist, wozu die Organisation existiert;
❖ umstritten ist, was als Erfolg gilt und wann dieser vorliegt;
❖ schon im Topmanagement Ressort-Egoismus ausbricht;
❖ keiner so recht weiß, in welche Richtung er marschieren soll;
❖ alle nachgeordneten Ziele nicht abgestimmt werden können;
❖ kein Synergieeffekt die Schlagkraft erhöht;
❖ zugunsten kurzfristigen Gewinns langfristige Investitionen in strategische Felder vernachlässigt werden.

Das Leitbild hat den Rang eines Grundgesetzes, einer Verfassung. Es legt die Grundrichtung der Organisation fest, unabhängig vom gerade amtierenden Management.

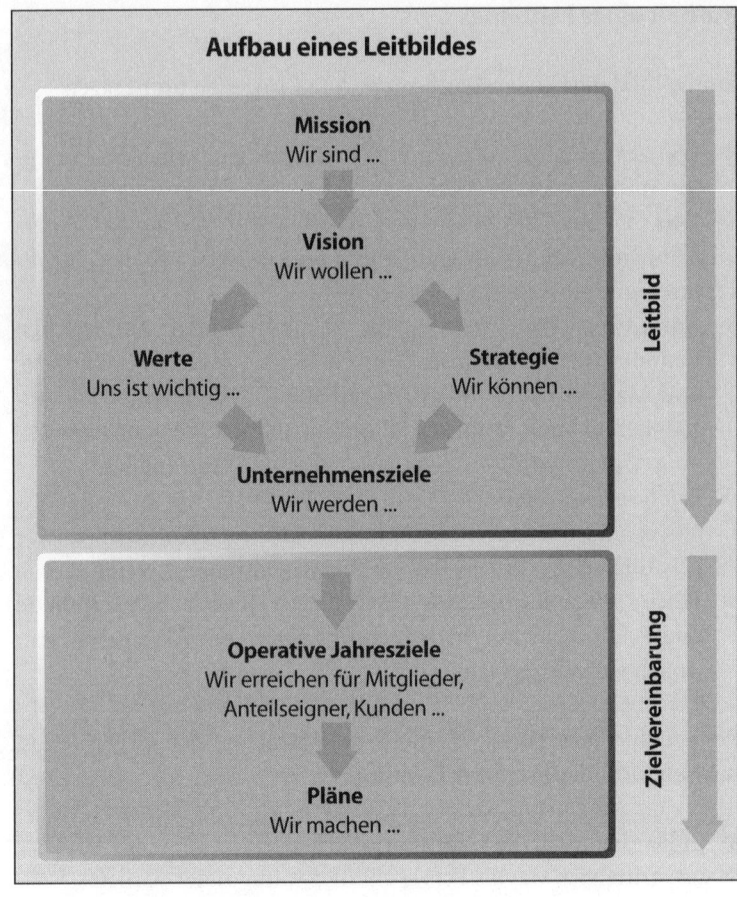

Wo ein Leitbild fehlt, gerät das Topmanagement leicht in die Gefahr, die Organisation für eigene Präferenzen zu (miss)brauchen. Die Sehnsucht nach charismatischen Führungspersönlichkeiten fördert diese Entwicklung. Doch man muss sich die Folgen klar vor Augen führen: Wenn an der Spitze einer Organisation eine Person steht und nicht das *Gesetz*, liefern sich alle Stakeholder in und außerhalb der Organisation den begrenzten Fähigkeiten und subjektiven Präferenzen eines Menschen aus. In Krisenzeiten mag das kurzfristig gerechtfertigt sein, auf Dauer zerstört es den Sinn, Auftrag und Zweck einer Organisation.

Leitbild als Strukturrahmen für Führen mit Zielen

Jeder Vorgesetzte spricht mit seinen Mitarbeitern über die Ziele, die sie erreichen sollen und wollen, das ist Führungsalltag. Wenn aber eine Organisation beschließt, Führen mit Zielen und Coaching *systematisch* zu betreiben, dann muss sie eine Reihe organisationsinterner Voraussetzungen klären:

❖ Passt die bisherige Form der Zielfindung und Zielfestlegung in die Philosophie von Führen mit Zielen und Coaching?
❖ Sind die Führungskräfte fähig und willens, Auftrag und Zweck der Organisation mit den Mitgliedern zu klären und festzulegen?
❖ Sind die Mitarbeiter fähig und willens, organisationsweit zu denken und zielbezogen zu arbeiten?
❖ Sind Strukturen und Abläufe geeignet, Ziele transparent und durchgängig darzustellen?
❖ Wie vernetzen Mitglieder und Einheiten ihre Ziele? Welche Mechanismen zur Integration der Ziele gibt es?

Das Leitbild als ideeller und normativer Überbau bietet den Fundus für Sinn und Identifikation wie für strategisches Denken und taktisches Handeln. Aus diesem überdauernden und übergeordneten Rahmen heraus werden die variablen unterjährigen Ziele in den zentralen Richtungsdimensionen (Finanzen, Kunden, Mitarbeiter, interne Prozesse) formuliert, ausbalanciert, miteinander vernetzt und dann vereinbart. Das Leitbild ist für die Jahresziele der Mitglieder gleichsam der Anker, der sie erdet und vor dem Abdriften schützt, oder es ist, um ein anderes Bild zu gebrauchen, der Haftungspunkt, ohne den sie buchstäblich in der Luft hängen.

Das Leitbild, an dessen Erstellung alle Mitglieder eine Chance hatten *mitzuwirken* (bottom-up), wird mit höherer Wahrscheinlichkeit an- und ernst genommen als jenes, das vom Topmanagement der Organisation verordnet wird (top-down), mag es wissenschaftlich auch noch so fundiert sein. Hier gilt die bewährte »Likert-Regel«: Erfolg = Qualität × Motivation (das Ergebnis ist Produkt aus inhaltlicher Qualität und der Bereitschaft zur Umsetzung), oder anders ausgedrückt: *Der Prozess ist genauso wichtig wie der Inhalt* (Bleicher 1992, S. 57). Die Integration von top-down und bottom-up beschreiben beispielhaft Edith-Maria Magar und Heribert Frieling (2000) für eine Nonprofit-Organisation, Ingo Fischer (2000) für ein Unternehmen. Eine weniger aufwendige Form bietet der bei Veränderungsprozessen praktizierte »*reflexive Workshop*« (Kunz 2000, S. 85f.).

Freilich darf auch die *Gefahr* eines zu *leitbildfixierten* Führens nicht übersehen werden. Wenn das Top-Management seine ganze Kraft in die Formulierung eines modernen, zustimmungsfähigen Leitbildes steckt, es dann allerdings unterlässt, die darin steckende ideelle Energie in Programme, Projekte, also ganz konkrete Ziele zu lenken, stiftet die Leitbilddiskussion mehr Verwirrung als Klarheit. Die Formulierung eines Leitbilds ist notwendig, aber nicht hinreichend. Die nachfolgende Führungsarbeit ist mühsam, konfliktgeladen, zeitaufwändig. Doch hier zeigt sich, ob das Leitbild als Wegweiser Freiräume für unternehmerisches Handeln eröffnet oder zur ideologischen (Selbst-)Täuschung dient.

Fazit

Zielvereinbarungen sind keine bloß individuellen Absprachen zwischen einer Führungskraft und ihren Mitarbeitern. Ziele dienen dazu, den gemeinsamen Auftrag der Organisation(seinheit) so effektiv wie möglich zu erfüllen. Damit alle in die gleiche Richtung zielen und ziehen, müssen alle sie kennen und (wenigstens grundsätzlich) anerkennen. Das genügt jedoch nicht. Selbst wenn alle Mitglieder die Mission und Vision teilen, können die Ziele verschiedener Einheiten doch miteinander kollidieren und so die Stoßkraft der Organisation schwächen. Deshalb muss das Konzept Führen mit Zielen und Coaching den Auftrag der Organisation in einem *Leitbild* strukturell (symbolisch) verankern und die daraus abgeleiteten *Ziele* durch personales Einwirken permanent ausbalancieren.

Daraus ergibt sich eine sinnvolle Arbeitsteilung zwischen Personalleuten und Führungskräften. Aufgabe des Personalbereichs ist es, *Struktur* (Leitbild) und *Prozess* (Zielvereinbarung) so aufeinander abzustimmen, dass Organisation und Führung glaubwürdig bleiben. In der Rolle des *change agent* trägt er zur kontinuierlichen Fortentwicklung der Organisationsgestalt bei (D. Ulrich 1997, S. 151ff.). Der Führung obliegt es, die Form des direkten personalen Einflusses auf verschiedenen Ebenen flexibel zu variieren.

❖ *Inspirieren* auf der normativen Ebene: den Auftrag bzw. die Leitidee immer wieder bewusst machen und voranstellen (Mission); der eigenen Einheit zu einer klaren Vorstellung verhelfen, wie sie ihre Zukunft gestalten möchte (Vision); mit persönlichem Beispiel vorangehen (Charisma).

❖ *Motivieren* auf der strategischen Ebene: Schwerpunkte und Prioritäten auf Geschäftslage ausrichten (Strategie); Überzeugungsarbeit horizontal wie vertikal leisten (Leiter); Talente und Begabungen im Blick haben und fördern (Mentor); Ressourcen organisationswirksam zuteilen (Verteiler).

❖ *Mobilisieren* auf der operativen Ebene: neue Mitarbeiter einarbeiten und qualifizieren (Lehrer); Entwicklungen verfolgen und nutzen (Unternehmer); die Problemlösefähigkeit Einzelner und Teams stärken (Coach); Teams zum Laufen bringen (Moderator); Konflikte produktiv steuern (Konfliktmanager).

Kapitel 2
Ziele als Spiegel der Wertwirklichkeit der Organisation

Fragen, auf die wir in diesem Kapitel Antwort geben:

❖ Wo und wie sind Ziele in der Organisation verankert?
❖ Was genau ist ein Ziel, organisatorisch betrachtet?
❖ Wie definiere ich ein Ziel?
❖ Wie verhalten sich Aufgabe und Ziel zueinander?
❖ Müssen für alle Aufgaben Ziele gesetzt werden?
❖ Sind Absicht und Ziel identisch?
❖ Welche Rolle spielen Ziele für die Motivation?
❖ Steigern Zielvereinbarungen die Leistung?
❖ Was macht eine Zielvereinbarung aus?
❖ Müssen Ziele immer messbar sein?
❖ Was ist mit Zielen, die sich nicht genau definieren lassen?

Ziele haben die Funktion, eine Organisation zu erhalten, zu gestalten und zu entfalten. Sie sind die primären Energieträger für Wertschöpfung und Wertsteigerung einer Organisation. Folglich müssen sie ähnlich (komplex) strukturiert sein wie die Organisation selbst. Analog den psychologisch relevanten Grundfeldern einer Organisation (s. S. 14) unterscheiden wir bei Zielen einen ideellen, einen methodischen und einen emotionalen Aspekt (s. Abb. S. 39).

Zweck und Ziel: die ideell-organisatorische Seite

Organisationen sind dauerhafte, offene, zielgerichtete Systeme, die sich aus Personen bzw. Gruppen zusammensetzen und eine Struktur (Spezialisierung, Hierarchie, Formalisierung) aufweisen (von Rosenstiel 1994, S. 343). Die wichtigste, hier interessierende Be-

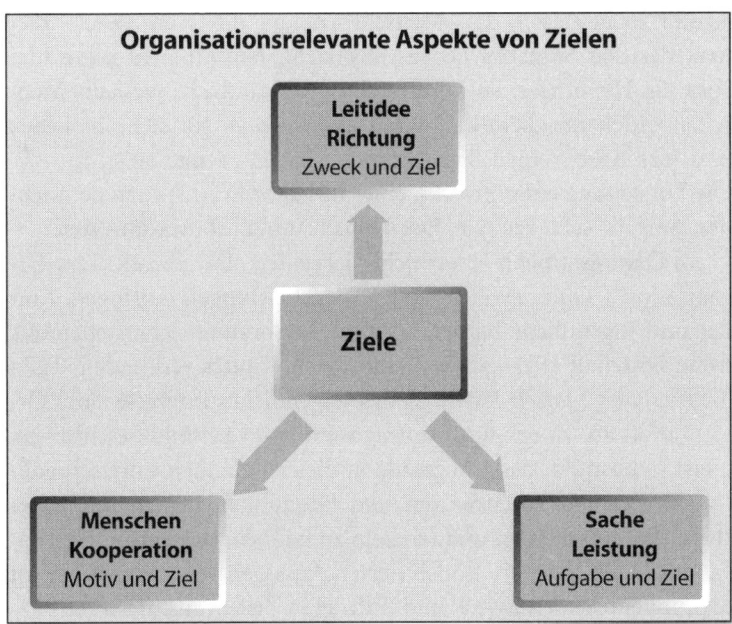

stimmung ist der Charakter der Zielgerichtetheit. Organisationen dienen einem Zweck, das macht ihren Sinn aus. Der Zweck ist der letzte angebbare Grund, weshalb eine Organisation etwas tut oder unterlässt. Um diesen Zweck auch tatsächlich zu erfüllen, müssen alle Mitglieder diesen Zweck kennen und ihr Handeln sinnvoll, effektiv und gemeinsam darauf ausrichten.

Der Zweck bestimmt die Ziele

»Handle so, dass du die Menschheit, sowohl in deiner Person als in der Person eines jeden andern, jederzeit zugleich als Zweck, niemals bloß als Mittel brauchest.« (Kant 1975, S. 61) Es gehört zur christlich-abendländischen Überzeugung, dass der Mensch Selbst-Zweck ist, »niemals bloß« für andere Zwecke oder Zwecke anderer gebraucht werden darf. Der Endzweck ist für jeden Menschen seine eigene Existenz. Diese respektable Formel liefert die Basis, die »Würde« des Menschen rechtlich zu schützen. Kant lässt bewusst offen, wie der Mensch diesen Endzweck inhaltlich fasst. Es ist schwer zu beweisen, dass Menschen einem »höheren Zweck« dienen, der den Sinn des Lebens ausmacht. Nimmt man diese Idee aber als Hypothese, so wird leichter verständlich, weshalb Menschen Glück vor allem dann erfahren, wenn sie für sich, ihr Leben und ihre Arbeit einen Sinn gefunden haben (Senge 1996, S. 182). Die Vorstellung eines Zwecks, einer uns ganz in Anspruch nehmenden Aufgabe setzt Energie, Engagement und Enthusiasmus frei.

In Organisationen ist es nicht viel anders. Der Zweck einer Organisation – Güter erzeugen oder Dienstleistungen erbringen, Kinder und Jugendliche bilden, ärztliche Versorgung sicherstellen, die frohe Botschaft (Evangelium) vom Reiche Gottes verkünden – gibt die *Aus- und Marsch-Richtung,* das »eigentliche« Interesse einer Organisation an. Zweck und Auftrag werden im Leitbild beschrieben, meist so abstrakt, dass sie gerade in dieser Offenheit unterschiedliche Motive, Verhaltensweisen und Situationen fassen und abdecken. Um entscheiden und handeln zu können, muss die Organisation diese philosophisch inspirierten Aussagen fokussieren. Sie tut dies, indem sie den Zweck und Auftrag in Ziele transformiert.

Was ist ein Ziel?

Allgemein ausgedrückt, ist ein Ziel eine *Möglichkeit,* die erst werden soll, die es wert ist, realisiert zu werden. Enger gefasst: ein vorausgedachter bzw. vorgestellter, erwünschter und/oder geforderter *Zustand.* Noch genauer formuliert: ein konkretes *Ergebnis.* Wer Ziele setzt, entscheidet sich, aus dem Spektrum denkbarer, vorstellbarer Möglichkeiten bestimmte auszuwählen und durch bewusstes Handeln wirklich werden zu lassen. Sofort tauchen Fragen auf:

❖ möglich – warum gerade diese, nicht eine andere Möglichkeit?
❖ wertvoll – welche und wessen Werte stehen auf dem Spiel?
❖ erwünscht – von allen oder nur von bestimmten Gruppen?
❖ gefordert – von innen oder von außen?
❖ vorausgedacht – wie klar und anschaulich vorgestellt?
❖ künftig – bis wann genau verwirklicht?
❖ Ergebnis – nur das Resultat oder auch der Weg dazu?

Das Wort Ziel ist alles andere als eindeutig, im Gegenteil: Die Fragen signalisieren Klärungsbedarf und verlangen nach einer Antwort. Wenn Führen mit Zielen den Wertgehalt einer Organisation wirksam steigern will, dann muss zunächst klar sein, was es mit dem Begriff Ziel, genauer mit der Sache auf sich hat.

Ziele entstehen im Kopf

Im Kopf können Ziele unterschiedlich klar vorgestellt sein: als *Denk-Möglichkeiten, vorgestellte Zustände* oder *exakt beschriebene Ergebnisse*. Je weiter ein Ziel gefasst ist, desto mehr Möglichkeiten gibt es, es zu realisieren. Das Ziel »Gewinn machen«, lässt weitaus mehr Umsetzungen zu, als wenn es heißt: »Gewinn steigern« oder »Gewinn um fünf Prozent steigern« oder »Gewinn bis Jahresende um fünf Prozent steigern«. Je exakter das Ziel definiert ist, desto enger sind die Spielräume, um es zu verwirklichen. Umgekehrt gilt: Ein vages oder ungenaues Ziel eröffnet beliebig viele, gleich gültige Wege und damit das Risiko, nicht genau zu wissen, wann das Ziel erreicht ist. Präzise Ziele lassen erkennen, wann das Ziel erreicht ist, der Preis ist Verlust von Kreativität und Spontaneität. Vage Ziele lassen genau diesen Spielraum, um den Preis, das Ziel zu verfehlen oder sich mit Teilrealisierungen zu begnügen.

Führen mit Zielen verbindet sich hier mit Coaching durch **Fragen** wie: *Wie genau ist die Vorstellung vom Ziel? Kann es verständlich beschrieben oder als Bild gezeichnet werden? – Wie präzise ist das Ziel definiert? Muss es so exakt sein? – Wie können Zielstrebigkeit und Offenheit in Balance gehalten werden?*

Ziele sind persönlich

Maschinen und Systeme folgen Zielen, setzen sie aber nicht. Niemand kann die Bedeutung eines Zieles besser einschätzen als die Person, die dieses Ziel hat. Je besser wir die Ziele eines Menschen kennen, desto besser verstehen wir ihn, denn die Ziele sagen uns, was ihm wichtig ist. »*Qualis unusquisque est, talis finis videtur ei*« – »*Was jemandem als Ziel erscheint, hängt davon ab, was für ein jemand er ist.*« (Thomas von Aquin) In den Zielen offenbaren sich Charakter und Werthaltung einer Person. »*Sage mir, was du willst, und ich sage dir, was für eine Art Mensch du bist.*« Für Organisationen gilt gleichermaßen: Die Unternehmensziele spiegeln immer die Wertvorstellungen, ja den Charakter der führenden Köpfe wider. Wenn ein Unternehmen einen Richtungswechsel vornehmen will, reicht es nicht, wenn es einfach die Strategie ändert, es muss auch die führenden Köpfe auswechseln.

Fragen: *Um wessen Ziel geht es eigentlich? – Wer steht hinter dem Ziel? – Stimmt das Ziel mit dem Auftrag der Organisation überein?*

Ziele sind attraktiv (lat. attrahere = anziehen)

Ein Ziel ist erwünscht, wenn es Bedürfnisse befriedigt oder Werte verwirklicht, es ist gefordert, wenn es äußere Instanzen vorgeben. Erwünschte Ziele ziehen an, geforderte Ziele treiben an. Diese erleben wir als Druck, jene als Zug. Ein gefordertes Ziel vermag Menschen auf Trab zu bringen, sie handeln aus Angst, um den Druck zu vermeiden. Erwünschte Ziele verändern die Motivlage: weg vom Reagieren (auf Druck) hin zum Agieren (um des Lohns oder der Überzeugung willen). Ziele in Organisationen sollen den Auftrag, das Überleben sichern, sie entstehen zunächst meist außerhalb der Person. Je mehr sich eine Person als Mit-Glied, als Teil-Haber, als Mit-Unternehmer versteht, desto mehr wird sie äußere Ziele sich zu Eigen machen, den (externen) Druck in einen (internen) Antrieb transformieren. Bleiben die Ziele äußere Forderung, kommt es zwangsläufig zum inneren Konflikt zwischen dem, was die Person leisten soll, und dem, was sie leisten will.

Fragen: *Weshalb verfolgt die Person das Ziel? Angst? Anreiz? Überzeugung? – Inwieweit ist es ihr vorgegeben worden? – Inwieweit steht sie freiwillig hinter dem Ziel? – Was hält sie ab, sich dieses Ziel innerlich anzueignen?*

Ziele drängen zu handeln

Pläne und Wege unterscheiden Ziele von bloßen Absichten und Vorsätzen, die erst dann umgesetzt werden, wenn die Situation vorteilhaft und/oder die Stimmung günstig ist. Der auf der Waage gefasste Vorsatz, einige Pfunde »abzuspecken«, bleibt »bloß« Absicht, solange er nicht als Ziel deklariert und mit einem konkreten Fahrplan versehen ist. Ziel und Plan (Vorgehensweise, Methode) gehören untrennbar zusammen. *Erst durch den Plan wird ein Wollen zu einem Ziel.* Freilich ist dieses Zusammengehören nicht so zu verstehen, dass ein bestimmtes Ziel einen und nur einen Weg zuließe. Je fixer das Ziel, desto offener der Weg. Das Ziel, den Sommerurlaub in der Provence zu verbringen, lässt manche Wege dorthin offen (sich im Reisebüro beraten lassen, Freunde fragen, im Internet fündig werden, einfach losfahren usw.). Je genauer andererseits ein Plan ist, zum Beispiel dem örtlichen Reisebüro die gesamte Abwicklung zu übertragen, desto offener muss das Ziel sein (Ort, Hotel, Zeitraum usw.). Auf diese *Unschärferelation* zwischen Ziel und Weg hat Gerd Binnig (1992, S. 114) hingewiesen. Man kann Ziel und Weg nicht zugleich maximieren. Je präziser und detaillierter ein Plan vorgeschrieben ist, desto enger ist der Zielausschnitt, den er realisiert, und desto vielfältiger die Zielaspekte, die er ausblendet.

Detaillierte Vorgaben können im Extremfall kontraproduktiv werden, weil sie das eigentliche Ziel verfehlen. Ziele setzen ist kreative Aktivität, denn sie fordert, die Balance zwischen zu eng (geplant) und zu offen (gelassen) so intelligent zu definieren, dass der eigentliche Zweck erreicht werden kann.

Fragen: *Ist das, was angestrebt und erreicht werden soll, als Ziel oder nur als Absicht formuliert? – Welcher Plan folgt aus dem Ziel? Wie detailliert ist er? – Ist der Plan (die Aufgabe) wichtiger als das Ziel? – Wird durch den Plan wirklich das erreicht, was gewollt ist?*

Ziele brauchen Mittel

Ziele zwingen dazu, sich klarzumachen, welche Mittel erforderlich sind, ob die Fähigkeiten und Ressourcen ausreichen. Eine Organisation kann sich nicht darauf beschränken, Ziele einfach zu definieren, sie muss die Situation genau analysieren, ihre Stärken und Schwächen herausfinden, Kräfte und Möglichkeiten abschätzen. Wie realistisch ein Ziel ist, vermögen Außenstehende, die den nötigen Abstand haben, meist besser zu erkennen als die unmittelbar Handelnden (daher die unverzichtbare Rolle externer Berater).

Fragen: *Wissen alle, was nötig ist, um das Ziel zu erreichen? – Sind die erforderlichen Mittel und Fähigkeiten vorhanden? – Was ist das Ziel wert? Welchen Preis sind alle zu zahlen bereit?*

Ziele fordern Kooperation

Jeder von uns verfolgt gleichzeitig verschiedene Ziele. Um sie zu erreichen, sind wir auf die Abstimmung und Übereinkunft mit anderen angewiesen. Dazu handeln wir mit unseren Interaktionspartnern (Familie, Arbeitskollegen, Kunden, Nachbarschaft usw.) Prioritäten aus. Die wirklich verfolgten Ziele sind immer Ergebnis eines *Aushandlungsprozesses*. Wie können Organisationen, in denen Menschen jeweils eigene Interessen haben, gemeinsame Ziele verfolgen? Die Antwort kann ebenfalls nur lauten: indem sie Ziele zum Anlass für und als Ergebnis von Aushandeln setzen. Es nutzt gar nichts, tolle Ziele von oben vorzugeben oder zu verkünden. Wenn sie nicht gemeinsam vereinbart worden sind, wird die vorher scheinbar ersparte Diskussion im Nachhinein zum Energie verschleißenden »Schwarze-Peter«-Spiel: Wer ist schuld, dass das Ziel nicht erreicht worden ist? Ziele, die wirklich gewollt sein sollen, setzen *Übereinkunft* voraus, zu ihr gelangen wir nur über Aushandeln.

Fragen: *Wie ist das Ziel entstanden? Wer war daran aktiv beteiligt? – Was ist der Preis für die Einigung? – Welchen Spielraum hatten die Verhandlungspartner?*

Ziele sind Maßstab für die Leistung

Um festzustellen, ob wir vorankommen, ja überhaupt, wo wir stehen, brauchen wir Maßstäbe. Dies sind *Anforderungen, Sollgrößen,* an denen wir unser Tun und Wirken beurteilen. Sie können zunächst vorsichtig formuliert sein, weil das Terrain unbekannt ist oder Risiken und Schwierigkeiten mitbedacht werden müssen. Indem wir kontinuierlich Ist und Soll miteinander vergleichen, lernen wir, unsere Ziele immer besser zu verwirklichen. Wenn sich Eltern zum Ziel setzen, zu ihren Kindern verständnisvoll zu sein, so werden sie das von Jahr zu Jahr auf andere Weise tun und damit tiefer erfahren, was Verständnis ist und ausmacht. In Organisationen ist es nicht anders. Indem die Mitglieder regelmäßig ihre Leistungen an den Maßstäben reflektieren, verstehen sie immer besser, welche Ziele dem Auftrag wirklich dienen, wie sie am besten zu verwirklichen sind, wodurch die Organisation am meisten profitiert.

Fragen: *Wie intensiv werden die Ziele und Ergebnisse reflektiert? – Wie muss die Kommunikation gestaltet sein, damit alle besser verstehen, was unser »Geschäft« ist? – Was lernen alle aus dem Umgang mit Zielen und Ergebnissen? – Wie wird sichergestellt, dass alle eine professionelle Haltung entwickeln?*

Ziele sind zu legitimieren

Ziele wurzeln in Werten und dienen ihrer Verwirklichung. Jedem Ziel liegt, nicht immer bewusst, eine Wertentscheidung zugrunde. Im privaten Leben kann manches diffus bleiben, von einer Organisation hingegen verlangen wir, dass sie *transparent* macht, auf welchen Werten sie ihre Ziele gründet, weshalb sie sich dafür entschieden hat und wie sie mit kollidierenden Werten umzugehen gedenkt.

Die Debatte, was das Ziel von Unternehmen ist, verdeutlicht dies. Dazu einige Aussagen: »Der Hauptzweck des Unternehmens besteht nicht darin, Profite zu machen, Punkt. Der Profit muss erzielt werden, damit in der Folge etwas gemacht werden kann, damit es überhaupt gemacht werden kann, und damit es immer besser und reichlicher gemacht werden kann. Die Aussage, dass der Profit ein Mittel für andere Ziele und nicht ein Ziel für sich darstellt, ist nicht nur ein semantisches Anliegen, sondern ein durchaus ernsthaftes moralisches Anliegen. Eine Anforderung ist kein Zweck. Im täglichen Leben werden Menschen, die das Mittel zum Zweck machen, normalerweise als Neurotiker oder als besessen bezeichnet. Wir müssen essen, um zu leben, aber wenn wir leben, um zu essen, verstümmeln wir uns in vielerlei Hinsicht selbst. Ethisch gesehen, bedeutet die Verwechslung von Mittel und Zweck nichts anderes als Selbstbezogenheit. (…) Wir müssen endlich einmal Ordnung in unser Denken bringen.« (Handy 1994, 137ff.) Um bekannte deutsche Manager zu zitieren: »Gewinn ist gut, aber nicht alles.« – »Wie der Mensch nicht lebt, um zu atmen, so betreibt er auch nicht seine wirtschaftliche Tätigkeit, nur um Gewinn zu machen.« (Hermann Josef Abs) »Pflicht eines Unternehmers ist es, dem Gemeinwohl zu dienen.« (Hans Merkle)

Aufgabe des oberen Managements ist es, immer wieder die richtige Abfolge von *Werten* → *Zielen* → *Aktivitäten* klarzustellen: Ziele verbinden (abstrakte) Werte mit (konkreten) Aktivitäten.

Fragen: *In welchen Werten gründen die Ziele? Wissen das alle? – Ist das zielgeleitete Handeln wirklich wertsteigernd? – Wie werden Zielkonflikte geregelt?*

Fazit

In den Zielen transformiert eine Organisation ihre Möglichkeiten in Wirklichkeit. »Unumquodque autem intantum perfectum est, inquantum est in actu; nam potentia sine actu imperfecta est.« – »Jedes Wesen ist in dem Maße vollkommen, als es verwirklicht ist; denn die bloße Möglichkeit ohne Verwirklichung bleibt unvollkommen.« (Thomas von Aquin) Die Wirklichkeit einer Organisation hat eine ökonomische, persönliche und ethische Dimension, folglich auch die Ziele. Führen mit Zielen muss diese Verflechtung mit Werten (organisatorische Ausrichtung), Aufgaben (prozesshafte Umsetzung) und Motiven (persönliche Dynamik) beachten, will sie der Wirklichkeit der Organisation wahrhaft dienen.

Aufgabe und Ziel: die sachlich-methodische Seite

Wenn jemand, neu eingestellt, in der Organisation die Arbeit aufnimmt, will er wissen: Was ist meine Aufgabe? Was muss ich tun? Indem er so fragt, bezeugt er eine bestimmte Annahme bezüglich seiner Rolle und seines Beitrags. Er versteht sich nämlich als *Mit-Arbeiter*, der spezifische Aktivitäten, für die er fachlich ausgebildet ist, ausführt. Seine Verantwortung, glaubt er, sei es, Aufgaben zu erfüllen und zu erledigen, die ihm aufgetragen sind. Aus der Sicht eines Mitarbeiters ist diese Frage ganz normal.

Nicht aber aus der Sicht eines Mitglieds, eines Teilhabers, eines Mit-Unternehmers. Dieser orientiert sich nämlich an der Organisation, nicht nur an der Position. Ein Mitglied fragt anders: *Was muss ich erreichen, das für die Organisation unverzichtbar ist? – Was soll ich bewirken, das nützlich ist? – Was will ich beitragen, damit die Organisation ihren Auftrag erfüllt? – Welche Ergebnisse kann ich durch meine Arbeit realisieren?*

Was unterscheidet ein Ziel von einer Aufgabe?

Eine gängige Forderung lautet deshalb, Aufgabe und Ziel bzw. Aufgaben- und Zielorientierung klar gegeneinander abzugrenzen. Dazu ist vorweg eine Klärung angebracht, zumal die Begriffe in der Arbeitspsychologie und in der betrieblichen Praxis nicht gleichsinnig verwendet werden (Stengel 1997, S. 170ff.).

❖ *Verhalten* und *Aktivität* sind Oberbegriffe, sie bezeichnen jede sichtbare Bewegung und Veränderung eines Menschen, ob sie ihm bewusst sind oder nicht.

❖ Mit *Handeln* bezeichnen wir zielgerichtete Verhaltensweisen und Aktivitäten. Eine Handlung ist immer absichtsgeleitet und zweckorientiert. Dieselbe Handlung – zum Beispiel Schreiben – kann unterschiedlichen Absichten entspringen (Ideen festhalten, Schriftzüge verbessern) und verschiedenen Zielen dienen (Brief beantworten, Angebot unterbreiten, Kartei anlegen).

❖ Unter einer *Tätigkeit* fassen wir Bündel von Handlungen zusammen, die auf ein Endziel oder die Befriedigung eines Bedürfnisses gerichtet sind. Eine Tätigkeit ist ein »strukturiertes Insgesamt von Handlungen, die von einem Motiv bestimmt« und auf ein Ziel ausgerichtet sind (Stengel 1997, S. 171). In diesem Sinne ist die Tätigkeit identisch mit der *Aufgabe*.

Jede Stelle oder Position lässt sich durch den Inhalt der *Kerntätigkeiten* oder *Schlüsselaufgaben* (in der Regel zwischen fünf und sieben) beschreiben, die dem Stelleninhaber obliegen. Diese Aufgaben müssen vollständig (im Sinne der Arbeitspsychologie) sein. Das heißt, der Mitarbeiter muss

❖ die *Zielsetzung* kennen, das Ergebnis, das er erreichen soll. Offen bleibt, ob das Ziel vorgegeben oder vereinbart ist;
❖ wissen, welche methodischen und zeitlichen Schritte er zu *planen* hat, um das Ziel zu erreichen;
❖ den nötigen *Antrieb*, die Energie haben, den Arbeitsprozess in Gang zu setzen und durchzuhalten. Werte und Bedürfnisse sorgen für die nötige Schubkraft;
❖ den konkreten Arbeitsablauf *steuern*, indem er Ist mit Soll vergleicht. Die dabei entstehenden Emotionen können negativer (»So ein Mist!«) wie positiver Art sein (»Jetzt erst recht!«);
❖ schließlich das erreichte Ergebnis an dem gesetzten Ziel *bewerten*. Die Beurteilung kann positiv (»Plansoll übererfüllt«) wie negativ (»Ziel verfehlt«) ausfallen.

Die zu einer vollständigen Aufgabe gehörenden Elemente können aber im konkreten Arbeitsprozess strukturell und personell auseinander fallen.

❖ *Strukturell:* Die einzelnen Phasen sind auf verschiedene Personen(gruppen) verteilt, zum Beispiel Zielsetzung, Planung und Bewertung liegen bei der Führungskraft, dem Mitarbeiter verbleiben Antrieb und Steuerung. Dieses tayloristische, der Fließbandproduktion zugrunde liegende Prinzip der Rationalisierung von Handlungsabläufen löst die innere Einheit der Aufgabe bzw. des Arbeitsauftrags auf mit der Folge, dass Mitarbeiter ihre Arbeit als fremdbestimmt empfinden und sich weder mit der Durchführung noch dem Ergebnis identifizieren können. Eine solche Trennung ist allenfalls bei einfachen Routinearbeiten dienlich.

❖ *Personell:* Die sachlichen Anforderung der Aufgabe und die subjektive Wahrnehmung durch den Mitarbeiter decken sich nicht. Der Mitarbeiter versteht die Aufgabe unvollständig oder anders als sie die Organisation bzw. der Vorgesetzte gestellt hat. Wenn das innere Abbild des handelnden Mitarbeiters von der äußeren Anforderung abweicht, ist entweder die Aufgabe schlecht definiert oder die Person unqualifiziert bzw. desinteressiert.

Hier hat wohl die Unterscheidung zwischen Aufgabe und Ziel ihren Ursprung. Sie bezieht sich auf die Erfahrung, dass Menschen Aufgaben aufgegeben werden, ohne mit ihnen Ziel, Sinn und Zweck zu klären, geschweige denn abzustimmen. Sie werden aufgrund der Anweisung einfach tätig, ohne zuvor das Ziel zu klären. Die auf die bloße Durchführung reduzierte Aktivität wird meist verkürzt als »Aufgabe« bzw. »Aufgabenorientierung« bezeichnet, weniger missverständlich wäre sie als Aktionismus zu beschreiben. Wenn wir im Folgenden von Aufgabe sprechen, meinen wir immer die vollständige Aufgabe, sonst sprechen wir von Aktivität oder Maßnahme.

Die tätigkeitsbezogene Arbeitshaltung war lange Zeit erwünscht und anerzogen, sie sicherte den Wissens- und Machtvorsprung von Führungskräften und Experten und schuf ein Zwei-Klassen-System von »Kopfarbeitern« und »Handarbeitern«. Die Mit-Arbeiter arbeiteten nicht nur kopflos und ziellos, sie arbeiteten auch endlos, das heißt, der Tarifvertrag, nicht das Ergebnis bestimmte das Arbeitsende. *Wer kein Ziel hat, kann auch nicht sagen, wann er angekommen ist.* Da sie das Ziel nicht kannten oder nicht interessierte, konnten sie auch nicht abschätzen und beurteilen, ob und wie gut sie das Ziel erreicht hatten. *Sisyphus wurde zum Symbol für Arbeit.*

Zu Beginn des Arbeitsverhältnisses formt jeder Führende den *psychologischen Arbeitskontrakt* (Schein 1965, S. 44), indem er die Rollen definiert, die er glaubt, im Namen der Organisation erwarten zu sollen. Versteht er sich als Chef, gibt er genau vor, was zu tun ist, und weist damit dem anderen die Rolle des Mitarbeiters zu. Versteht er sich hingegen als Coach, klärt und vereinbart er die Ziele, lenkt die Sicht vom Tun auf das Ergebnis, vom Was auf das Wozu, und ermöglicht so die Rolle des Mitglieds.

Dimensionen von Arbeitszielen

Wenn die in Aufgaben steckende prinzipielle Zielorientierung bewusst gemacht ist, gilt es, jene Ziele herauszufinden, die für die Organisation besonders Frucht bringend sind. In der Praxis hat es sich bewährt, die Arbeitsziele eines Mitarbeiters auf den Zeitraum eines Jahres zu beziehen und nach *Bezugsfeld* und *Inhalt* zu unterscheiden.

Bezugsfeld

Jede Position enthält Ziele, die der Inhaber unbedingt erreichen muss, und andere, die er, je nach Fähigkeit und Einsatz, erreichen soll. Muss und Soll, Pflicht und Kür sind überall gegeben, ihr Zusammenspiel zu sichern macht Zielvereinbarungen erst produktiv. Charles Handy nennt es das »Doughnut-Prinzip« (1995, S. 69ff.) und versteht darunter das Gleichgewicht zwischen reiner Pflicht und weiter gefasster Verantwortung, zwischen Vorgabe und Vereinbarung, zwischen Außenbestimmung und Selbstbestimmung, die menschliche Arbeit sinnvoll strukturieren. Wir greifen diese Unterscheidung auf und ergänzen sie noch um den Aspekt der persönlichen Entwicklung jedes Mitglieds. Damit ergeben sich Muss-Ziele, die den *Job*, Soll-Ziele, die die *Organisation* und Entwicklungsziele, die die *Person* weiterbringen.

❖ *Muss-Ziele sind Standardziele:* Sie dienen der Erhaltung des laufenden Geschäfts, sind auf die effiziente Erfüllung der Kernaufgaben gerichtet und sichern damit das Überleben der Organisation. Standardziele legen die in der Position unbedingt zu erbringende Leistung fest, zum Beispiel bis Jahresende den Umsatz um zehn Prozent erhöhen – bis zum Zeitpunkt X die Beschwerderate im Servicebereich um 20 Prozent senken – bis zum Zeitpunkt Y beherrschen sämtliche Mitarbeiter ein bestimmtes Computerprogramm.

Standard- bzw. Erhaltungsziele konzentrieren sich auf die Beseitigung von Engpässen, die Verbesserung laufender Prozesse, die Vermeidung von Problemen und Mängeln im jeweiligen Job. Standardziele sind Mindestanforderungen, die die Situation bzw. der Markt verlangen, daher sind sie dem Mitglied vorgegeben, sie machen die unvermeidlich fremdbestimmte Seite der Arbeit aus. Der Führende als Coach kann fragen: *Welche Defizite müssen unbedingt beseitigt werden? – Für welche Probleme brauchen wir dringend eine Lösung? – Welche Konflikte müssen bereinigt werden? – Mit welchen Ergebnissen können wir uns nicht abfinden? – Was muss besser bzw. anders werden?*

❖ *Soll-Ziele sind Innovationsziele:* Sie tragen zur Gestaltung des Unternehmens bei, fordern und fördern unternehmensbezogenes Denken und Handeln. Der Begriff Innovationsziel will das Denken jedes Einzelnen der Einsicht öffnen, dass eine Organisation nur durch ständige intelligente Änderung vital und überlebensfähig bleibt. *Wer rastet, rostet*, gilt eben auch für Organisationen. Innovationsziele eröffnen neue Spielräume, haben die unternehmerische Wertschöpfung im Blick – und sichern damit Erhalt und Wachstum, kurz: das Leben der Organisation.

Indem die Organisation von ihren Mitgliedern neben den überlebenswichtigen Standardzielen auch ein oder zwei Innovationsziele einfordert, zwingt sie praktisch jeden, sich mit dem Leitbild und der Strategie so vertraut zu machen, dass er seine Erfahrungen vor Ort, an der Kundenfront, auf kreative Weise unternehmerisch und unternehmensbezogen nutzen kann. Der Führende als Coach kann dazu stimulieren: *Welche Ziele bringen uns unserer Vision näher? – Welche Ergebnisse verwirklichen am besten unseren Auftrag? – Worin sehen Sie den wertvollsten Beitrag für unsere Einheit? – Was bringt uns wirklich einen Schritt weiter? – Was bringt uns einen ganzen Sprung nach vorne?*

❖ *Entwicklungsziele forcieren die persönliche Entfaltung:* Sie schaffen die personelle Voraussetzung, dass eine Organisation ihre Ziele erreichen kann. Standardziele können noch so präzise formuliert, Innovationsziele noch so stimulierend sein, ihre Realisierung hängt letztlich von der »Qualität« des Mitglieds ab. Fehlen die erforderlichen Kenntnisse, der entschlossene Wille, die zuversichtliche Selbstsicherheit, die neugierige Lernbereitschaft, die gelassene Distanz, die ethische Sensibilität, dann sind all die schönen Ziele »für die Katz«. *Jede Organisation verwirklicht sich in den Zielen durch ihre Mitglieder.* Damit diese und damit die Organisation den kommenden Herausforderungen gewachsen sind, realisieren und erweitern Entwicklungsziele das persönliche Potenzial in Bezug auf

– *Wissen:* bewährte Kenntnisse vertiefen, sich neue aneignen.
– *Können:* handwerkliches Geschick entwickeln, professionelles Handeln ausbilden, »Meister« in seinem Fach werden, geschickt mit anderen um- und sensibel auf sie eingehen.
– *Einstellungen:* positive, zuversichtliche, produktive Einstellungen zum eigenen Job, zu Mitarbeitern, Kollegen, Kunden, zum Unternehmen und seiner Entwicklung ausbilden.
– *Problemlösefähigkeit:* fähig und willens sein, komplexe Probleme sowohl eigenständig als auch gemeinsam mit anderen (im Team) zu lösen.

Entwicklungsziele vereinbaren heißt nicht, Karriereschritte zu planen – fördern ist nicht gleich befördern – oder persönliche Ziele festzulegen – *persönliche Ziele sind allein Sache der Person.* Entwicklungsziele meinen ausschließlich jene personalen Qualitäten und Qualifikationen, die ein Mitglied ausbilden muss, um für die Organisation wertvoll zu sein. Entwicklungsziele stehen im Schnittpunkt zwischen betrieblichen und den persönlichen Zielen.

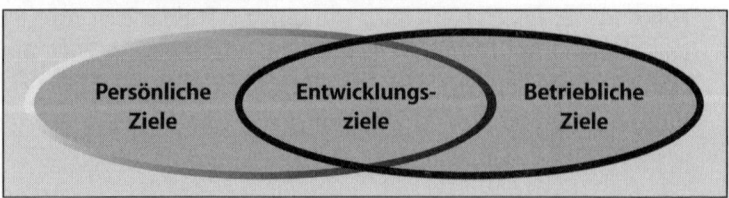

Inhalt

Die Bezugsfelder nennen die Zielrichtung (Job, Organisation, Person), doch mit welchem Inhalt? Die Inhalte können keine anderen sein als diejenigen, die in jeder Organisation relevant sind, ihre Grundaspekte abdecken. Wir unterscheiden fachliche, kooperative, organisatorische und, diese fundierend, Führungsziele.

Dimensionen von Zielen			
Inhalte / Bezugsfeld	**Fachliche Ziele**	**Kooperations- ziele**	**Organisations- ziele**
Standardziel *Erhaltung*			
Innovationsziel *Gestaltung*			
Persönliches Entwicklungsziel *Entfaltung*			
Führungsziele, Wandel			

❖ *Fachliche* Ziele beziehen sich auf Gegenstand, Inhalt und Substanz der Position. An sie denkt man meistens, wenn von Arbeitszielen die Rede ist.

❖ *Kooperationsziele* erstrecken sich auf Information, Kommunikation und Koordination in und außerhalb der Organisation. Sicherstellung der Informationsweitergabe, Dokumentation und Berichtswesen, Absprachen und Vereinbarungen, Spielregeln der Zusammenarbeit, Projektplanung, Besprechungen, (Re)Präsentation nach innen und außen usw.

❖ *Organisationsziele* betreffen Entscheidungen, Strukturen und Abläufe, die über den eigenen Arbeitsbereich hinausreichen: Verbesserungsvorschläge entwickeln, einen neuen oder älteren Kollegen fachlich coachen, ein Projekt koordinieren usw.

❖ *Führungsziele* benennen Schwerpunkte in der Führung, die professionelles Führen mit Zielen und Coaching schon abdeckt, aber auch verbindlicher formuliert werden können: Mitarbeiter gewinnen, qualifizieren und coachen, Konflikte regeln, ein neues Team aufbauen, die Motivationslage in der Gruppe erhöhen, Arbeitsabläufe optimieren, Zielvereinbarungen und Mitarbeitergespräche einführen usw. Führungsziele schaffen die Grundlage für zeitgemäßen *Wandel*.

Die zurzeit propagierte *Balanced Scorecard* (Kaplan/Norton 1997; Bühner/Akitürk 2000) konzentriert sich ebenfalls auf vier zentrale Handlungsfelder:

❖ finanzwirtschaftliche Ziele (Organisationsziele);
❖ Markt- und Kundenziele (fachliche Ziele);
❖ Mitarbeiter- und Entwicklungsziele (soziale Ziele);
❖ Prozess- und Verbesserungsziele (Führungsziele).

Führen mit Zielen im Sinne der Balanced Scorecard heißt, für diese vier strategischen Handlungsfelder ausgewogen (balanced) Ziele mit Kennziffern und Messgrößen zu definieren.

Führungsziele – ein Gebot der Klugheit

Paul Hersey und Kenneth Blanchard (1988, 127ff.) unterscheiden *erfolgreiche* und *effektive* Führungskräfte. Erfolgreich ist, wer sich (persönlich) durchsetzt, effektiv, wer zur wirklichen Wertsteigerung der Organisation beiträgt. Wenn ein Führender andere dazu bringt, das zu tun, was er will, dies ihm aber nur gelingt, weil er seine Machtmittel einsetzt, ist er erfolgreich, doch effektiv wäre er, wenn die anderen das von sich aus tun, weil ihnen die Ziele einleuchten oder sie davon überzeugt sind. Wer als Führungskraft längerfristig erfolgreich sein will, muss effektiv sein, das heißt, die innere Disposition, Einstellung und Motivation von Menschen beeinflussen (S. 132).

Die intervenierenden Variablen sind langfristige Ziele und damit *Führungsziele* im engeren Sinn. Diesen Teil der Effektivität ignorieren häufig Führungskräfte, vor allem wenn sie nach kurzfristigem Output belohnt und befördert werden.

Bedingungen von Führungseffektivität		
Kausale Variablen Strukturelle Voraussetzungen	**Intervenierende Variablen** Verfasstheit der Organisation	**Ergebnisvariablen** Leistung der Organisation
❖ Leitbild ❖ Politik ❖ Strategien ❖ Technologie ❖ Führungsstil usw.	❖ Commitment: Motivation, Identifikation ❖ Qualifikation: fachliches, soziales und methodisches Know-how ❖ Professionelle Führung ❖ Ethische Sensibilität	❖ Output ❖ Kosten ❖ Umsatz ❖ Rendite ❖ Beziehungen zu Gewerkschaften ❖ Krankheitsrate usw.
↓ Rahmenbedingungen	↓ Führungsziele	↓ Organisatorische Ziele

Dadurch geraten sie in ein Dilemma: Wer schnell Erfolg haben will, konzentriert sich auf Ergebnisse. Das funktioniert besonders dann, wenn er damit rechnen kann, nur kurz auf der Position zu verbleiben. In Zeiten rascher Fusionen und ständiger Umstrukturierung ist diese Annahme durchaus realistisch. Deshalb führen viele Führungskräfte heute ausschließlich ergebnisorientiert – und nennen das MbO. In der Tat praktizieren sie Führen mit Zielen, aber ohne Coaching.

Beides ist wichtig, die Ergebnisse *und* die längerfristigen Investitionen in Menschen. Führungsziele und Organisationsziele bedingen sich gegenseitig. Weil die Investitionen in das Potenzial der Mitglieder aufwendig, kaum zu messen und nicht unmittelbar lohnend sind, werden sie leicht übergangen, das Tagesgeschäft dominiert. »*Erst kommt das Fressen, dann die Moral.*« (Bert Brecht). Was in Krisenzeiten durchaus überlebensnotwendig ist, kann nicht auf Dauer die Grundhaltung der Führenden ausmachen.

Organisationen unterliegen hier dem gleichen Gesetz wie Individuen. Menschliche Biografien entwickeln sich selten als geplante Abfolge von Zielen, die sich wie Perlen einer Kette aneinander reihen, sondern eher als fortgesetztes Reagieren auf Chancen und Herausforderungen im Rahmen einer Grundentscheidung (»option fondamentale«), die nicht immer bewusst (gefällt worden) ist. Unsere kurzfristigen Ziele wechseln, wenn sich die Situationen ändert. Um im Fluss des Lebens mitzuschwimmen, ohne unterzugehen, benötigen wir Fähigkeiten und Ressourcen, die zielübergreifend sind, uns also erlauben, verschiedene Ziele innerhalb unserer Grundausrichtung zu erreichen. Wer die vorhandenen Mittel möglichst effizient einsetzt, um seine gesetzten Ziele zu erreichen, ist geschickt, klug dagegen, wer sein Leben so einrichtet, dass er auch auf unvorhergesehene Umstände angemessen zu reagieren vermag. *»Der Weise sucht so weit als möglich die Mittel zugleich zu Zwecken zu machen.«* (Gottfried Wilhelm Leibniz)

Die wertbewusste Organisation handelt klug, sie achtet darauf, ihre wichtigstes Potenzial, nämlich die Fähigkeiten und das Commitment ihrer Mitglieder so zu mehren, dass diese imstand sind, den im Leitbild niedergelegten Auftrag je nach sich bietender Chance durch variable Ziele zu verwirklichen. An der *Kultur* eines Unternehmens lässt sich erkennen, ob ihre Führungskräfte begreifen können und ergreifen dürfen, was ihr eigentliches »Geschäft« ausmacht, nämlich Zeit, Energie und Kreativität in Führungsziele zu investieren. Produkte sind ersetzbar, Dienstleistungen austauschbar, Kapital beschaffbar, Wissen kaufbar – Verstand und Sinn kann man nur *gewinnen*. Eine kluge Organisation weiß das.

Konkretisierung von Zielen

Die Wahrscheinlichkeit, ein Ziel zu verwirklichen, ist höher, wenn es möglichst wirklichkeitsnah und konkret formuliert ist. Dazu sind Maßstäbe und Kenngrößen nötig, die unzweideutig beurteilen lassen, ob und inwieweit das Ziel auch tatsächlich erreicht worden ist. Die Forderung, Ziele seien zu operationalisieren, meint, sie so zu formulieren, dass sie messbar oder zumindest beurteilbar sind. Ein Ziel ist beurteilbar, wenn es nach den von Experten aufgestellten Kriterien oder Regeln formuliert ist, folglich nur sie feststellen können, ob es erreicht ist. Es ist überdies messbar, wenn die Erfüllung der Kriterien auch mechanisch oder instrumentell konstatiert werden kann. Ein Kriterium sollte auf jeden Fall messbar sein: der Zeitpunkt (Termin). In der Praxis werden Ziele meist durch fünf Kriterien konkretisiert.

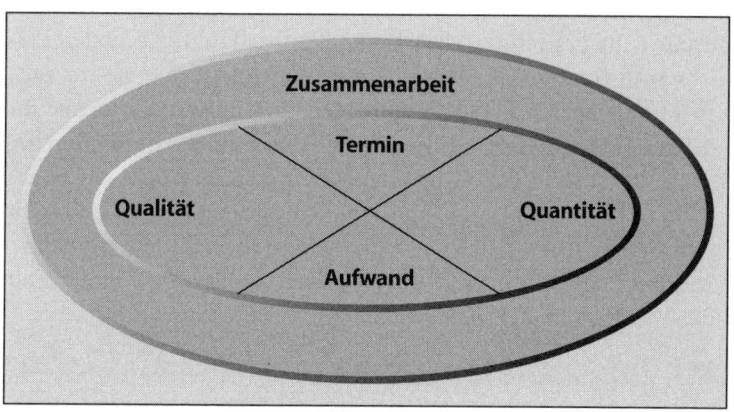

- ❖ *Termin:* Bis wann? Datum festlegen.
- ❖ *Qualität:* Wie gut? Relevante Inhalte bzw. Kriterien beschreiben, gegebenenfalls bestimmte Aktivitäten aufführen.
- ❖ *Quantität:* Wie viel? Ausmaß, Steigerung, Minderung in Zahlen, Prozenten auflisten.
- ❖ *Aufwand:* Was kostet es? Zeit, Energie, Geld angeben.
- ❖ *Zusammenarbeit:* Mit wem abgestimmt? Übereinkunft aushandeln, Prioritäten setzen.

Genau betrachtet, stecken in diesen Kriterien unsere menschlichen Erkenntnismodalitäten. Wir erfahren und erleben ja nicht schlechthin, sondern in bestimmt strukturierter Weise. So sind Zeit (Termin) und Raum (Quantität) uns eingestiftete Kategorien. Kant nennt sie a priori, weil sie jeder Erfahrung vorausliegen. Qualität bezeichnet die Weise, wie wir eine Sache sinnenhaft wahrnehmen (Töne, Farben, Tastempfindungen, Reaktion anderer). Aufwand bezieht sich auf den Einsatz von Ressourcen (Energie, Zeit, Finanzen), ernten setzt Säen voraus. Zusammenarbeit schließlich hebt auf den unausweichlich kooperativen Charakter menschlicher Arbeit in Institutionen ab.

Da Ziele zunächst gedachte, also rein geistige Produkte sind, bleiben sie individuell, zwischenmenschlich nicht nachweisbar. Als Wesen aus Fleisch und Blut brauchen wir Menschen mit unseren Sinnen fassbare Korrelate dieser ideellen Gehalte. Wir müssen sie sehen, greifen, hören und fühlen können. Anthropologisch gewendet bedeutet die Forderung, Ziele zu konkretisieren, nichts anderes als die Transformation ideeller Gehalte in die körperlich verfasste, zeitlich-räumliche Wirklichkeit des Menschen. Dies gilt sogar für höchst anspruchsvolle Konstrukte religiöser oder philosophischer Art. So misst Jesus den Glauben seiner Jünger im Jüngsten Gericht an ihrem konkreten Handeln: »Denn ich war hungrig, und ihr habt mir zu essen gegeben; ich war durstig, und ihr habt mir zu trinken gereicht ...« (Mt 25, 34ff.) *Die Wahrheit ist konkret* – und damit unvermeidlich konflikthaltig.

Konflikthaltigkeit von Zielen

Wenn wir uns daran machen, ein Ziel zu konkretisieren, merken wir auf einmal, wie konfliktgeladen es in sich ist. Zum Beispiel: »Fünf Jahre nach meinem Eintritt in das Unternehmen will ich Gruppenleiter, nach spätestens zehn Jahren Abteilungsleiter sein.« Die Standards Qualität (Karriere), Quantität (Stufen) und Zeitpunkt (Termin) sind noch einigermaßen glatt zu definieren, doch Aufwand (Beziehungspflege, externe Bewährungen) und Abstimmung (mit der Familie) bringen unwägbare Faktoren ins Spiel (neue Anforderungen, stärkere Beanspruchung durch das Unternehmen, Abhängigkeit vom Top-Management, Verzicht auf private Interessen usw.). Die Standards, Kenngrößen oder Kriterien sind *nicht gleichzeitig zu maximieren*, zwischen ihnen besteht eine *Unschärferelation*, wie Gerd Binnig (1992, S. 105ff.) nachweist. Dies zu erkennen unterscheidet reifes, erwachsenes Denken von unreifem, infantilem Wunschdenken. Für viele Menschen ist die Vorfreude die schönste Freude, warum wohl? Weil die Erfüllung eines Ziels oder Traums schlagartig andere, bislang verdeckte Aspekte bewusst macht. Anders ausgedrückt: *Alles hat seinen Preis.* Fragt sich nur, welchen eine Person oder Organisation zu zahlen bereit ist.

Schon ein einzelnes Ziel zwingt uns, verschiedenartige Anforderungen abzuwägen. Doch wir beschränken uns im Leben ja nicht auf ein einziges Ziel. Wer wollte nicht beruflich erfolgreich, familiär erfüllt und persönlich glücklich sein – und zwar gleichzeitig? Wir verfolgen stets mehrere Ziele, weil wir an unterschiedlichen Lebensbereichen teilhaben und das Leben viel zu reichhaltig (und kurz) ist, um es auf eine einzige Größe oder einen Punkt zu reduzieren. Nur Spieler setzen alles auf eine Karte und spekulieren. Eine Organisation kann dieses Risiko nicht eingehen.

Die Spannung innerhalb eines Zieles, erst recht zwischen Zielen, kann Angst und Lähmung, aber auch Lust und Neugier wecken. Die Spannung zwischen Beruf und Familie kann zermürben, aber auch gegenseitig befruchten. Nicht Spannung oder Konflikt sind schädlich, sondern unser Umgang mit ihnen. Kreativität, Produktivität, Lebensqualität entwickeln sich (nur?) aus divergierenden, spannungsgeladenen Zielen (Dörner 1989, S. 97ff.). Wenn das schon für individuelle Ziele gilt, um wie viel mehr gilt dies für die Ziele in einer Organisation? Wo immer Menschen kollektiv Ziele anstreben, sind Widersprüche oder Konflikte unvermeidlich, ja notwendig. Denn sie erzeugen die Energie, um »das Geschäft« voranzutreiben. Jede Organisation stiftet durch die Ziele gleich ihr eigenes Konfliktpotenzial. Diese jedem Ziel innewohnende Konflikthaltigkeit kann von Führenden als Chance begriffen und gestaltet werden, indem sie

❖ den Konfliktgehalt von Zielen, die Widersprüche, Ungereimtheiten und Antagonismen offen legen und zur Sprache bringen;
❖ negative Gefühle wie Angst, Sorge, Zweifel artikulieren und die Energie in produktive Lösungen umwenden;
❖ Priorität und Zuordnung der Ziele verbindlich regeln und integrieren; und dadurch
❖ die Organisation konfliktfähiger machen, indem alle lernen, Konflikte als Chance zu sehen, anzunehmen und zu nutzen.

Jede Organisation *muss* divergente Ziele aufrechterhalten und ausbalancieren. Sie kann weder auf Innovation noch auf Standardisierung, weder auf Gewinn noch auf Qualität, weder auf Erfolg noch auf Ethik verzichten. Das ist nicht leicht, deshalb sind alle Konzepte verführerisch, die eine klar ausgerichtete, spannungsarme Organisation versprechen. Das Shareholder-value-Konzept »löst« Zielkonflikte, indem es alle der ökonomischen Effizienz sperrig gegenüberstehenden Ziele zugunsten der leicht zu messenden Renditeziele ausgrenzt, um den Preis freilich, dass es damit auch die Spannung »auflöst«, die notwendig ist, um produktive, komplexitätsadäquate Lösungen hervorzubringen, die den Wertgehalt der Organisation umfassend steigern. Der Führende als Coach steht vor der schwierigen, gleichwohl reizvollen Aufgabe eines *Konfliktmanagers* bzw. *Konfliktmoderators*, zunächst unvereinbar erscheinende Ziele zu einem aktionsfähigen Ausgleich zu bringen.

Motiv und Ziel: die psychologisch-persönliche Seite

Auf die Frage, weshalb wir dies oder jenes tun bzw. lassen, geben wir als Ursache Motive (»weil«) oder Ziele (»um zu«) an (s. S. 12). Die Psychologie vermag zwischen Motiv (Bedürfnis) und Ziel nicht trennscharf zu unterscheiden, da sich beide als Spannungszustände in der Person bemerkbar machen (Heckhausen 1989, S. 187). Auch wenn Bedürfnis und Ziel psychologisch die gleiche Wirkung entfalten, sind sie doch nicht identisch.

❖ *Motiv und Ziel sind nicht aufeinander reduzierbar.* Ein Ziel kann verschiedene Bedürfnisse abdecken: Das Ziel »Karriere« befriedigt Bedürfnisse nach Sicherheit, Einkommen, Ansehen, Macht. Umgekehrt kann ein Bedürfnis unterschiedliche Zielsetzungen auslösen: aus dem Bedürfnis »Sicherheit« heraus kaufen wir Aktien, erwerben Immobilien, pflegen Beziehungen, schließen einen Ehevertrag ab.

❖ *Motive, Ziele und Tätigkeiten (Aufgaben)* können *auseinander fallen.* Eine Krankenschwester, die aus altruistischen Motiven diesen Beruf gewählt hat und jetzt ökonomische Zwänge der Gesundheitsreform erlebt, identifiziert sich nicht mit den wirtschaftlichen Zielen der Klinik und findet auch in den zeitverknappten pflegerischen Tätigkeiten keine Befriedigung (mehr).

Die Trennung von Motiv, Ziel und Tätigkeit setzt Energie frei, erzeugt aber andererseits ein *inneres Konfliktpotenzial*, das prinzipiell nicht aufgehoben, wohl aber – präventiv wie reaktiv – geregelt werden kann. Wir wollen dieses Spannungsgeflecht im Hinblick auf Motive und Ziele betrachten und dann die Folgen für das Führen mit Zielen herausarbeiten.

Ziele, nicht Motive, sind organisatorisch relevant

Die Motivationsforscher David McClelland und John Atkinson (zusammenfassend: Heckhausen 1989; Rheinberg 1997) verankern die Arbeitsmotivation einer Person in drei zentralen Motiven: *Leistung, Kontakt und Macht.* Jeder Mitarbeiter weist eine andere Konfiguration der drei Motive auf: Beim einen überwiegt das Leistungsmotiv, bei einem anderen das Kontakt- oder Machtmotiv. Menschen mit besonders starkem Leistungsmotiv leisten tatsächlich mehr als Personen, bei denen das Kontakt- oder Machtmotiv überwiegt. Übrigens erwies sich die Annahme, erfolgreiche Führungskräfte seien besonders stark leistungsmotiviert, als unzutreffend, sie zeichnet vielmehr ein hohes Macht-, aber nur ein durchschnittliches Leistungsmotiv aus (s. Tab. S. 62).

Führen mit Zielen spricht besonders die Mitarbeiter an, die ein ausgeprägtes Leistungsmotiv haben. Der Prozess der Zielvereinbarung wird bei leistungs-, kontakt- oder machtorientierten Mitarbeitern notwendigerweise eine jeweils andere Wirkung entfalten.

Ein Weiteres kommt hinzu. Die Motive lösen – besonders unter Stress, bei Konflikten oder Enttäuschungen – beim einen zuversichtliche, beim anderen besorgte Gefühle aus, die sich wiederum in charakteristischen Verhaltensmustern äußern. Leistungsmotivierte Mitarbeiter, auf sie wollen wir uns hier beschränken, erleben Leistungssituationen verschieden, je nachdem ob sie mehr zu Hoffnung auf Erfolg oder Furcht vor Misserfolg neigen (s. Tab. S. 63).

Hoffnung und Furcht wirken sich bestimmend auf das *Anspruchsniveau* der Zielsetzung aus: wer zur Hoffnung neigt, wird sich eher schwierige Ziele setzen als derjenige, der befürchtet, sie kaum oder gar nicht zu erreichen. Daraus folgt aber keineswegs,

Worauf leistungs-, kontakt- und machtmotivierte Mitarbeiter besonders ansprechen		
Leistungsmotiviert	❖ Will selber Ziele setzen; ❖ setzt sich hohe, herausfordernde Ziele; ❖ will selbstständig arbeiten; ❖ kontrolliert sich selbst; ❖ arbeitet lieber allein; ❖ ist stolz, wenn er Erfolg hat.	*Fordert andere*
Kontaktmotiviert	❖ Verfolgt Ziele, die anderen wichtig sind; ❖ setzt sich nur Ziele, die in Zusammenarbeit mit anderen realisiert werden können; ❖ knüpft geschickt Beziehungsnetze; ❖ kann andere ermutigen und überzeugen; ❖ arbeitet lieber im Team.	*Mag andere*
Machtmotiviert	❖ Betrachtet Ziele als taktische Mittel; ❖ kalkuliert Ziele nach dem Nutzen für die eigene Karriere; ❖ bevorzugt Ziele, die ihn in Kontakt mit einflussreichen Personen bringen; ❖ misst den verfügbaren Ressourcen mehr Wert bei als den Zielen.	*Nutzt andere*

dass die Zielsetzung einer Organisation von der Motivkonstellation ihrer Mitglieder abhängt. Führende sollten sie jedoch kennen und ihr Coaching darauf auszurichten.

Die Entkoppelung von Motiv und Ziel ermöglicht es, Ziele relativ unabhängig von der Motivlage der Person zu setzen und zu verfolgen. Klassisches Beispiel ist die *Gefühlsaskese*, die jede professionelle Dienstleistung fordert.

Leistungsmotiv	
Hoffnung auf Erfolg	*Furcht vor Misserfolg*
❖ Setzt sich anspruchsvolle Ziele; ❖ ist realistisch in der Erfolgseinschätzung; ❖ definiert Qualitätsmaßstäbe auch bei Freizeitaktivitäten leistungsorientiert; ❖ ist mit Ausdauer bei der Sache, bleibt am Ball; ❖ qualifiziert sich weiter; ❖ schreibt Erfolge dem eigenem Können und Einsatz zu; ❖ schreibt Misserfolge mangelnder Anstrengung oder äußeren Umständen zu; ❖ reagiert auf Erfolg mit Stolz; ❖ lässt sich durch Misserfolge herausfordern.	❖ Setzt sich zu hohe oder zu niedrige Ziele; ❖ neigt zu Perfektionismus, tut alles, um Misserfolge zu vermeiden; ❖ geht an neue Aufgaben nur zögernd heran; ❖ unterschätzt sich und sein Können; ❖ schreibt Erfolge äußeren Umständen zu; ❖ schreibt Misserfolge mangelndem Können zu; ❖ lässt sich durch Misserfolge leicht entmutigen; ❖ reagiert auf Erfolg mit Erleichterung; ❖ denkt häufig daran, versagen zu können.

Professionalität bezeichnet nicht nur die fachliche Kompetenz zur versierten Problemlösung, sondern auch die emotionale Fähigkeit zur beherrschten Gefühlsdisziplin, zum gekonnten *zieladäquaten Ausdruck von Gefühlen*. Einem Profi oder Experten werden zwei widersprüchliche Gefühlsforderungen gleichzeitig abverlangt:

❖ Er muss das zum Produkt bzw. zur Dienstleistung *passende Gefühl* äußern können, unabhängig von der eigenen momentanen Befindlichkeit. Den Verkauf einer Ferienwohnung sollten andere Gefühle begleiten als das Arrangement eines Begräbnisses.
❖ Er muss derselben Person gegenüber Gefühle *geschäfts- oder ergebnisbezogen variieren* können. Ein Kunde ist zuvorkommend zu behandeln, solange er solvent ist, und distanziert, wenn er insolvent wird. Mitarbeitern, die Ergebnisse bringen, begegnet der Vorgesetzte mit Wohlwollen, bleiben die Ergebnisse jedoch aus, zögert er nicht, sie hart anzupacken oder gar zu entlassen.

Die Ausbildung einer professionellen Haltung fordert auch die Fähigkeit, Distanz zu den eigenen Bedürfnissen und Befindlichkeiten herzustellen. Dies ist möglich, weil wir nicht identisch sind mit unseren Gefühlen, so wenig wie mit unserem Körper. Wir haben Gefühle, wir sind nicht (nur) unsere Gefühle, wir haben einen Körper, wir sind nicht (nur) unser Körper. Diese Fähigkeit, die eigene Befindlichkeit zu transzendieren und ihr gegenüberzustehen, macht unsere *Personalität* aus. (Spaemann 1996, S. 230) Wir sind stets mehr als das, was wir (gerade) an uns wahrnehmen.

Von einem Profi erwartet man, dass er sich und seine Gefühle der Dienstleistung gemäß zu disponieren vermag. Dies wird nur der als (unmenschliche) Überforderung ansehen, der die eigenen Bedürfnisse zum Maßstab seiner Leistung macht. Der alte Ausdruck *Dienst* meint gerade das Gegenteil, nämlich die eigene Be- und Empfindlichkeit der Sache, der Aufgabe, also einem sinn- und wertvollen Gehalt ein- und unterzuordnen, *das Ziel und nicht das Ich zum Maßstab der Leistung zu machen.*

Aus welchem Motiv (»warum?«) auch immer Menschen ihrer Aufgabe nachgehen, nicht ihre Motive sind für die Ziele und damit die Leistung der Organisation maßgebend, sondern die Ergebnisse (»wozu?«), die ihrem Auftrag gerecht werden. Organisationen existieren in erster Linie nicht, damit Mitglieder ihre eigenen Bedürfnisse befriedigen, sondern um Produkte und Dienstleistungen herzustellen, die *für andere wichtig und wertvoll* sind. Permanente Aufgabe von Führung ist es, Mitglieder bei ihrer Motivation abzuholen, dabei aber nicht stehen zu bleiben (»was motiviert dich?«), sondern sie in organisationsrelevante Ziele (»was sollte dich motivieren?«) zu transformieren.

Leistungssteigerung durch Ziele

Wer einen Auftrag redlich ausführt, eine Aufgabe gewissenhaft erfüllt, ist zweifellos ein brauchbarer Mitarbeiter. Noch besser (leistungsfähiger) ist er freilich, wenn er in seiner Arbeit selber Ziele setzt (oder auf die vorgegebenen Ziele sich verpflichtet) und sich zum zielführenden Handeln disponiert. Spätestens seit der Schulzeit haben wir die mit der Zielsetzung verbundenen Aktivitäten so verinnerlicht, dass sie in uns fast automatisch ablaufen. Doch Ziele setzen ist eine Sache, sie verwirklichen eine andere, wie jeder weiß. Um Ziele auch wirklich zu erreichen, müssen die primären, auf das Ziel gerichteten Aktivitäten mit sekundären, auf die Person gerichteten, gleichsam flankierend, ergänzt werden (vgl. Kuhl 1998).

Leistungssteigernde Prozesse der Zielrealisierung	
Ziel setzen: **Sich entscheiden** →	**Ziel realisieren:** **Sich disponieren**
Ziel definieren: Ziel bewusst machen – eindeutig formulieren – sich klar vor Augen halten	**Aufmerksamkeit fokussieren:** Wahrnehmungsfilter schaffen – Störungen reduzieren
Energie mobilisieren: Bereit sein, sich physisch und geistig anzustrengen – am Ziel dranzubleiben	**Motivation erneuern:** Verpflichtung auf das Ziel erinnern – Ziel visuell präsent halten
Strategie wählen: Vorgehensweise bewährt? – Beherrschbar? – Zeitdruck? – Neue Wege erforderlich?	**Zuversicht stärken:** Positive Einstellung ausbilden – Zweifel und Bedenken relativieren
	Misserfolge verdauen: Enttäuschungen wegstecken – unrealistische Ziele ohne Bedauern aufgeben

Die Motivationspsychologie (Heckhausen 1989; Wood/Locke 1990) konnte zeigen, dass Ziele leistungssteigernd wirken, wenn sie

❖ genau (messbar) formuliert,
❖ schwierig (herausfordernd) im Anspruch,
❖ gemeinsam (partizipativ) vereinbart und
❖ am Ergebnis erkennbar (Rückmeldung) sind.

Die leistungssteigernde Wirkung dieser formalen Zielmerkmale lässt sich empirisch bei einfachen, geübten Aufgaben nachweisen.

Da jeder Job einen gewissen Anteil routinemäßig wiederkehrender Standardaufgaben enthält, genügt es, sie an diesen Kriterien auszurichten, um eine höhere Leistung zu erzielen. Anders ist die Wirkung bei komplexen Aufgaben, die verschiedenartige Handlungen erfordern, mehrschichtige Informationen enthalten und sich im Arbeitsablauf ständig verändern. Komplexe Aufgaben bewirken dann eine höhere Leistung, wenn die zielbezogenen Kriterien durch personbezogene ergänzt und kompensiert werden.

Messbare Ziele lenken die Aufmerksamkeit auf präzis definierte Kriterien, erlauben klare Hinweise über den Stand der Zielerreichung, ermöglichen gegebenenfalls eine sofortige Korrektur.

Komplexe Aufgaben fordern nicht messbare, sondern beurteilbare Ziele. Urteile stützen sich auf Expertenregeln, die immer einen Interpretationsspielraum offen lassen. Werden sie dennoch messbar formuliert, lösen sie einen kontraproduktiven Aktionismus aus, der sich auf simple, weil bekannte Pläne und Strategien stürzt, wo es angebracht wäre, verschiedene Optionen in Betracht zu ziehen, kreativ vorzugehen, neue Methoden auszuprobieren. Man kann komplexe Ziele durchaus exakt definieren, aber ebenso wichtig ist es, dafür zu sorgen, dass der Mitarbeiter

❖ sich auf das Ziel *verpflichtet* (Identifikation, Commitment);
❖ *kompetent* ist (Qualifikation, Erfahrung);
❖ *effektiv* und *effizient* zu handeln vermag (Selbstorganisation);
❖ *Prozess-Feedback* (über die Art des Vorgehens) erhält.

Schwierige Ziele veranlassen Menschen, härter zu arbeiten, an der Aufgabe dranzubleiben, nicht so schnell aufzugeben.

Komplexe Aufgaben sind meist auch schwierig, sodass eine Steigerung der Schwierigkeit die Leistung nicht nennenswert erhöht. Im Gegenteil ist damit zu rechnen, dass die Person vermehrt Zweifel bekommt, ob sie den hohen Erwartungen gerecht zu werden vermag; häufig daran denkt, was passiert, wenn sie das Ziel verfehlt; sich durch solch negative Antizipationen leichter ablenken lässt, sodass ihre Aufmerksamkeit und Anstrengung stark schwanken, sie neue Aspekte übersieht, ungewohnte Vorgehensweisen gar nicht erst riskiert. Falls komplexe Aufgaben einen hohen Anspruch fordern, ist doch darauf zu achten, dass die Person

- *selbstbewusst* ist, die Aufgabe lösen zu können;
- *kompetent* ist, um professionell auf hohem Niveau zu arbeiten;
- *erfahren* genug ist, um zu wissen, wie sie die Sache anzupacken hat, welches Vorgehen praktikabel ist und funktioniert.

Vereinbarte Ziele erhöhen die Bereitschaft, sich auf das Ziel zu verpflichten. Viele Studien bestätigen dies, die Befunde sind allerdings nicht überwältigend.

Bei komplexen Aufgaben steigert Partizipation weniger die Identifikation als die Synergie, weil das Know-how von Führungskraft und Mitarbeiter zusammen umfassender ist als das von jedem Einzelnen. Gemeinsam erarbeitete Ziele bieten die Gelegenheit, Wissen zu ergänzen, Strategien kritisch zu prüfen und sich auf sachkundige, erfahrungserprobte Kriterien zu einigen.

Feedback informiert über den Ergebnisstand. Wer weiß, wie weit das Ziel (noch) entfernt ist, kann seinen Einsatz besser steuern.

Bei komplexen Aufgaben ist weniger die Kenntnis des Ergebnisses wirksam als das Wissen, wo man steht. Das diagnostische oder *Prozess-Feedback* gibt Aufschluss, ob die Strategie (Plan, Methoden, Mitteleinsatz) effektiv und sinnvoll ist, ermöglicht es, die Art der Problemlösung zu überprüfen und gegebenenfalls zu korrigieren.

Leistungssteigerung	
Einfache Aufgaben durch	**Komplexe Aufgaben** durch
Merkmale des Ziels	*Professionalität der Person*
❖ messbar ❖ schwierig ❖ vereinbart ❖ Ergebnis-Rückmeldung	❖ kompetent im Problemlösen ❖ kreativ im Methodeneinsatz ❖ risikobereit im Ausprobieren ❖ flexibel in der Strategiewahl

Fazit

Führen mit Zielen kann sich heute nicht mehr auf die Definition messbarer Ziele beschränken, wie es MbO immer noch und Balanced Scorecard wiederum tun. Professionalität, Selbstbewusstsein und Verpflichtung der Mitglieder zu sichern ist mindestens ebenso wichtig. Das fordert freilich *Vertrauen*. Es ist leicht (und daher üblich), messbare Ziele vorzugeben, es ist schwer (und daher selten), Mitglieder und Tagesgeschäft in der Spur des Auftrags zu halten. Coaching ist hier notwendiger denn je.

Kapitel 3
Prozesse der Zielvereinbarung

Fragen, auf die wir in diesem Kapitel Antwort geben

❖ Wie entstehen Zielvorstellungen?
❖ Wie entwickeln wir für die Organisation produktive Ziele?
❖ Wer bestimmt, was als Ziel zu gelten hat?
❖ Wie verläuft der Prozess der Zielvereinbarung?
❖ Soll man auch Ziele für das tägliche Geschäft formulieren?
❖ Wie kann ich Ziele für neue Aufgaben formulieren?
❖ Wie komme ich zu einer realistischen Zeiteinschätzung?
❖ Was muss ich bei der Zielformulierung beachten?
❖ Wie führe ich ein Zielvereinbarungsgespräch?
❖ Wie kontrolliere ich die Zielerreichung?
❖ Wie verhindere ich Streit bei der Ergebnisbewertung?

Wir wenden uns nun dem Ablauf der Zielvereinbarung zu. Führen mit Zielen umfasst drei fundamentale Prozesse, die in Organisationen heute nur in kooperativer Form ablaufen können.

❖ Ziele entdecken und entwickeln.
❖ Ziele setzen und vereinbaren.
❖ Ziele realisieren und reflektieren.

Ziele entdecken und entwickeln

Ein Ziel ist ein Ausschnitt aus einem Spektrum erwünschter Zustände und angestrebter Ergebnisse. Wie kommen wir dazu, gerade diesen Zustand auszuwählen, als erwünscht zu definieren und gegen andere abzugrenzen? Welche Überlegungen leiten uns, wenn wir dieses und kein anderes Ergebnis vorziehen?

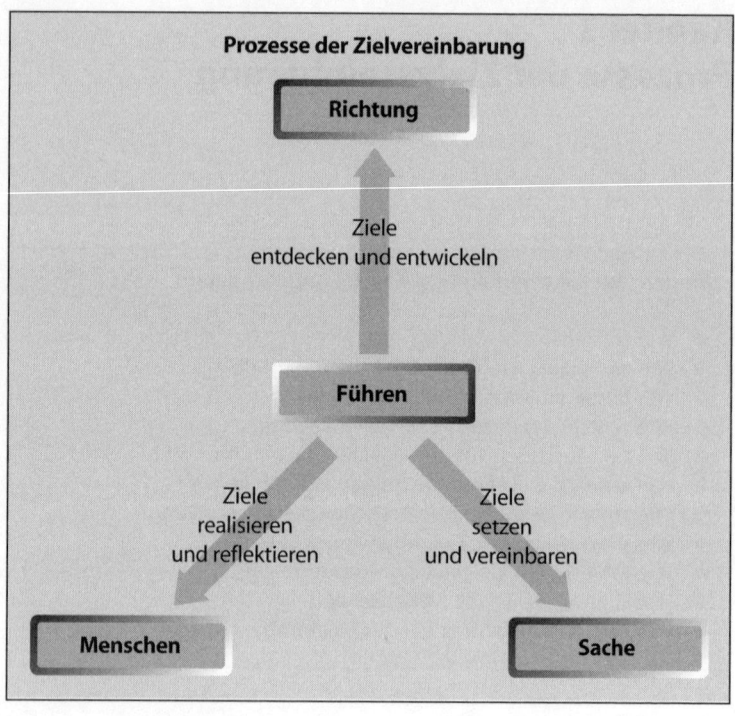

Ziele herleiten und begründen

Im Wesentlichen entspringen unsere Ziele vier »Quellen«.

❖ *Intern:* Bedürfnisse, Wünsche und Motive.
❖ *Extern:* Sachzwänge, Anforderungen und Erwartungen.
❖ *Zukunft:* Ideale, Träume, Visionen.
❖ *Vergangenheit:* Mängel, Probleme, Konflikte.

Wie sind unsere persönlichen Ziele zustande gekommen? Aktiv im Rückgriff auf Bedürfnisse und Zukunftsvorstellungen oder reaktiv, indem wir uns Sachzwänge und Defizite haben aufdrängen lassen? Organisationen können prüfen, ob ihre Ziele eher strategisch agierend oder kurativ reagierend entstanden sind.

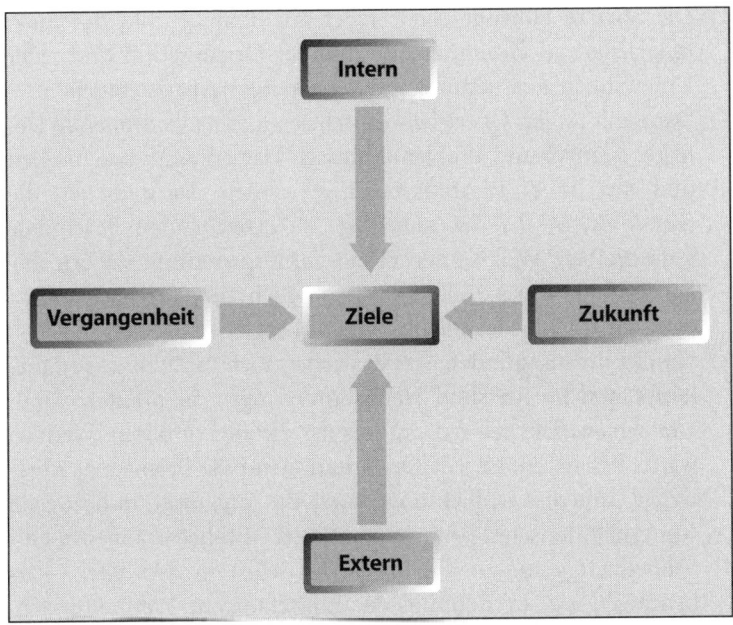

Die bevorzugte Herkunft der Ziele prägt auch das Führungsverständnis: *ideelle Führer* (intern, Zukunft) oder *pragmatische Manager* (extern, Vergangenheit).

Organisationen (und Menschen) können beim Finden von Zielen auf keinen dieser Zugänge verzichten. Führende sollten allerdings klären und transparent machen, welcher Zugang eher zu produktiven, wertsteigernden Zielen führt. Wenn es ums Überleben geht, setzen wir Ziele, die existenzbedrohende Defizite überwinden und eine angemessene Antwort auf externe Anforderungen darstellen. Steht die zukunftsträchtige Entwicklung auf dem Spiel, dann werden die Ziele eher aus inneren Ansprüchen, Idealen und Visionen hergeleitet.

Organisationen (und Menschen) wollen immer beides: überleben *und* leben. Folglich müssen Ziele sowohl der Erhaltung als auch der Gestaltung dienen. Wir haben sie Standard-Ziele und Innovations-Ziele genannt (s. S. 50f.). Der gedankliche und dialogische Prozess der Zielfindung könnte in vier Schritten ablaufen.

1) Die oberste Führungsebene leitet aus dem Leitbild die *Richtungsziele* und *Grundwerte* ab, die der Organisation und jeder Untereinheit Ausrichtung und Verständigungsbasis vorgeben.

2) Dann gilt es, das Überleben zu sichern. Existenzbedrohende Defizite, Mängel und Probleme müssen klar erkannt, beschrieben und mit hoher Priorität beseitigt werden. Dazu dienen die *Standardziele,* die die unbedingt zu erreichenden Ergebnisse festschreiben. Weil sie den Erhalt der Organisation sichern sollen, sind sie Muss-Ziele, also verbindlich vorgegeben. Sie können sich auf alle vier Inhalte (s. S. 53) beziehen.

3) Nun ist herauszufinden, was das Leben auch in Zukunft gewährleistet, welche An- und Herausforderungen zu meistern sind. Um *Innovationsziele* zu entdecken, die den größten Wertzuwachs bescheren, ist jede Organisation auf die Erfahrung, Kreativität, innere Verpflichtung, kurz: das organisationsbezogene (unternehmerische) Commitment ihrer Mitglieder angewiesen.

4) Schließlich kommen die Mitglieder selbst in den Blick. Was benötigen sie an Kenntnissen, Einstellungen, Werthaltungen, um wirklich professionell zu denken und zu handeln? Die persönlichen *Entwicklungsziele* sind die Basis, auf der Organisation und Person sich wechselseitig aneinander binden.

Produktive Ziele entdecken ist ein *kreativer und kooperativer Prozess.* Zunächst weit angelegt, um möglichst viele Sichtweisen vieler zur Sprache zu bringen, braucht er dann die schrittweise Verdichtung und prioritätengerechte Fokussierung. Die gängige Praxis, Ziele oben zu definieren und dann kaskadenförmig »herunterzubrechen«, folgt den Empfehlungen des klassischen MbO (Odiorne 1980, S. 75f.). Damit definiert eine Organisation, wie sie ihre Leute sieht: als Mitarbeiter, die sich der Macht des *Amtes* beugen (müssen). Will sie dagegen mitdenkende, unternehmerisch agierende Mitglieder, dann muss sie wissen, dass die sich nur der Macht des *Argumentes* beugen (wollen) (Augustinus).

Von Zielen überzeugen

Die 90er-Jahre des letzten Jahrhunderts haben dafür die Voraussetzungen geschaffen. Organisationen werden von Teams gesteuert, elektronische Medien erlauben Mitgliedern den jederzeitigen Zugriff auf Informationen, flache Hierarchien relativieren die Autorität von Vorgesetzten, die Globalisierung schließlich beschleunigt Entwicklungen. In einer solchen Lage von einer einsamen Spitze wie vom Feldherrnhügel aus Wegweiser ins Gelobte Land spielen zu wollen, zeugt von gefährlichem Realitätsverlust. So einfach lässt sich Gefolgschaft heute nicht (mehr) mobilisieren. Der Prozess der Zielentdeckung und -entwicklung ist nämlich ein intensiver *kommunikativer* Vorgang. Führungskräfte müssen heute vor jeder Zielfestlegung eine *intensive Überzeugungsarbeit* leisten. Wer andere von seinen Ideen überzeugen will, muss nach Jay Conger (1999, S. 32f.):

❖ *Eine gemeinsame Basis schaffen*
   Visionen, Ideen, Überzeugungen haben und vermitteln.
   Vorteil und Nutzen von Zielen herausarbeiten.
   Ziele mit anderen reflektieren, ggf. die eigenen modifizieren.
❖ *Standpunkte anschaulich darstellen*
   Lebendig, anschaulich, zuhörerbezogen formulieren.
   Alle Sinne der Hörer ansprechen.
   Argumente mit Beispielen, Geschichten, Metaphern schmücken.
❖ *Emotionale Bindung herstellen*
   Sich voll und ganz für die infrage stehenden Ziele engagieren.
   Tonlage auf die Befindlichkeit der Hörer abstimmen.
   Immer einen Weg der Hoffnung aufzeigen.
❖ *Selber glaubwürdig sein*
   Hat sich schon als sachverständig und erfahren erwiesen.
   Genießt Vertrauen, weil er zuhört, Rücksicht nimmt, integer ist, keinen Launen unterliegt, ausgeglichen ist.

Nur wer glaubwürdig ist, kann letztlich überzeugen. Es überrascht nicht, dass die Forderungen von Jay Conger weitgehend jenen Bedingungen entsprechen, von denen nach Aristoteles (Rhetorik, 1995) die *Glaubwürdigkeit* eines Redners abhängt.

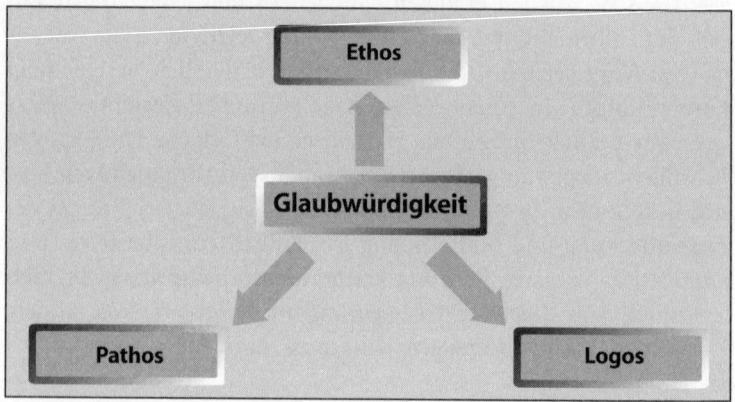

❖ *Logos* meint die sachliche Darlegung oder verständliche Beweisführung, Informationen so zu präsentieren, dass Einsicht nahe liegend und Zustimmung möglich ist.

❖ *Pathos* will Affekte (Gefühle, Leidenschaften) im Zuhörer wecken, ihn persönlich packen, nur dann ist er bereit zu handeln. Der Redner muss es verstehen, die richtigen Gefühle in der richtigen Dosierung zu mobilisieren.

❖ *Ethos* betrifft den sittlichen Charakter des Redners. Er muss als moralisch verlässlich gelten, damit ihm andere Glauben schenken.

Ethos, Pathos und Logos wecken, falls sie der *Redner* ausgewogen auszudrücken vermag, im Hörer den Eindruck von Glaubwürdigkeit. Wenn der Redner von einer Sache selbst gefühlsmäßig stark ergriffen ist (»begeistert«), kann er seine Zuhörer durchaus »mitreißen«, indem er sie dazu bringt, ihren Verstand auszuschalten und ethische Bedenken außer Acht zu lassen. Es gibt immer wieder »Verführer«, die meisterhaft auf der emotionalen Tastatur zu spielen vermögen: Politiker, Prediger, Popstars, heute gesellen sich Motivationskünstler dazu. Sie alle können kurzfristig Wellen, Bewegungen, Trends, kurz: Massenhysterie erzeugen, indem sie die beiden anderen Aspekte, Logos und Ethos, erfolgreich herunterspielen oder ausblenden. Der aufgeklärte Hörer hört jedoch »dreidimensional«, vermisst er einen Aspekt, bezweifelt er die Glaubwürdigkeit. Die Rolle des Hörers ist für die Glaubwürdigkeit konstitutiv. *Der Hörer, nicht der Redner, bestimmt, wer glaubwürdig ist.*

Fazit

Die Entwicklung von Zielen erfolgt heute in einem kommunikativen Prozess des Überzeugens, in dem informative, emotionale und wertbezogene Momente gleichermaßen zur Sprache kommen. Coaching wahrnehmen können nur jene Führende, die in diesem Prozess glaubwürdig sind, nicht nur erscheinen. Der Preis aller Rhetorik ist Ungewissheit. Der Hörer weiß niemals genau, wie echt der Redner wirklich ist, wie sehr er an die von ihm vorgebrachten Ziele selbst glaubt. Der Redner weiß niemals eindeutig, ob er den Hörer innerlich überzeugt hat, selbst dann nicht, wenn dieser tut, was er angeregt hat. Wir bleiben daher auf Plausibilitätskriterien angewiesen, die zum einen aus der Kenntnis der Person, zum anderen aus der Wertgebundenheit der Organisation resultieren. Damit ist auch die Grenze des Führens mit Zielen umrissen: Inwieweit letztlich ein Führender zu überzeugen vermag, hängt sowohl von seinem Charakter, als auch von den Rahmenbedingungen, genauer: der ethischen Verfasstheit einer Organisation ab. Wenn Mitglieder erleben (müssen), dass Visionen und Ziele werbewirksam angepriesen, Grundwerte auf Hochglanzbroschüren gedruckt, dann aber im Alltag ignoriert werden, bleiben sie zurückhaltend und skeptisch, mag ihr Vorgesetzter persönlich noch so integer sein. Daher hat alles Führen mit Zielen seine unverrückbare Grenze an der ethischen Gestalt einer Organisation, ihrer Unternehmenskultur (Kapitel 1). Ein weiteres Problem: Überzeugung braucht Zeit. Glaubwürdigkeit setzt Vergleichbarkeit voraus – in der momentanen Schnelllebigkeit wohl eine naive Forderung. Doch gerade diese Situation zwingt das Top-Management, Farbe zu bekennen: Will es (langfristig) wirklich unternehmerisch denkende und handelnde Mitglieder, wie so viele Leitbilder beteuern, oder ist es nur an kurzfristigen Resultaten interessiert, wie viele Beispiele belegen? Damit kommen wir wieder auf den Ausgangspunkt zurück: Führen mit Zielen und Coaching fordert ein leitbild- und wertorientiertes Rahmenkonzept.

Ziele setzen und vereinbaren

Das Ausdenken produktiver Ziele kann nicht unbegrenzt vonstatten gehen. Jede Organisation braucht ein Forum, einen Ort, an dem die verschiedenen, wahrscheinlich divergierenden Vorstellungen vorgebracht, geklärt und aufeinander bezogen werden. Ein solches Forum ist die *hierarchieübergreifende Klausur* (Schmidt-Tophoff 2000), in der die verschiedene Zielsetzungen zur Sprache und zu einem Ausgleich kommen. Sie entspricht drei wesentlichen Forderungen modernen Führens mit Zielen.

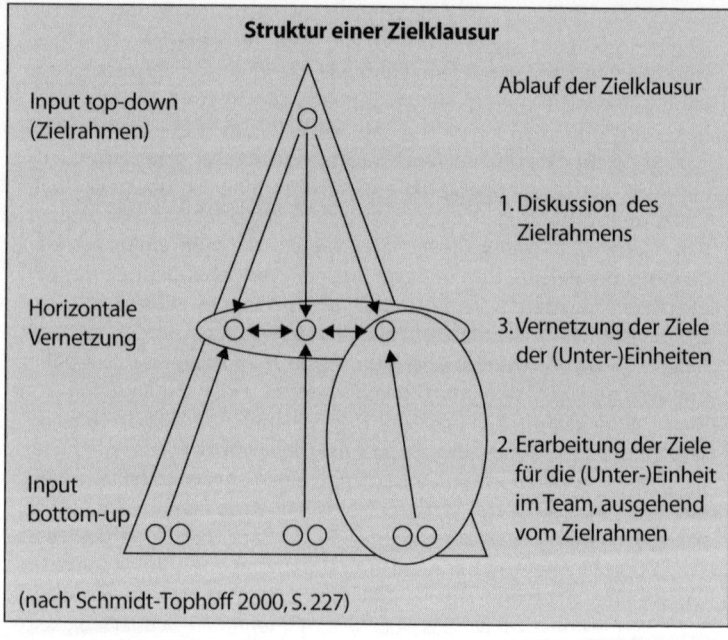

Struktur einer Zielklausur

Input top-down
(Zielrahmen)

Horizontale
Vernetzung

Input
bottom-up

Ablauf der Zielklausur

1. Diskussion des
   Zielrahmens

3. Vernetzung der Ziele
   der (Unter-)Einheiten

2. Erarbeitung der Ziele
   für die (Unter-)Einheit
   im Team, ausgehend
   vom Zielrahmen

(nach Schmidt-Tophoff 2000, S. 227)

❖ *Verständnis:* Das obere Management verdeutlicht die strategische Marschrichtung der Organisation und die daraus für die Einheit folgenden Richtungsziele (top-down), die Mitglieder bringen ihre Erfahrungen, Vor-Ort-Kenntnisse, Sichtweisen und Ansprüche ein (bottom-up). Durch den Austausch können alle besser verstehen, was die derzeitige (Markt-)Lage von der Organisation(seinheit) und jedem Einzelnen verlangt. Dies hilft, Zielvorstellungen realistischer zu fassen.

❖ *Partizipation:* Die Vorgabe von oben und die Erfahrungen von unten werden in der Zielsetzung der einzelnen Untereinheiten (Abteilung, Gruppe, Team) fokussiert. Die Mitglieder erarbeiten zunächst die Ziele ihrer Untereinheit und damit ihres Vorgesetzten.

❖ *Integration:* Die Untereinheiten machen gegenseitig ihre Ziele verständlich, modifizieren sie im Dialog und vernetzen sie schließlich teamübergreifend.

Der Prozess der Zielintegration ist zweifellos aufwendig. Weshalb sollten obere Führungskräfte so viel Zeit und Energie investieren? Markus Schmidt-Tophoff (a.a.O.) beschreibt drei Lernerfahrungen.

❖ *Von der Reaktion auf Probleme (Defizite) zur aktiven Zielorientierung:* Im Verlauf der Zielklausur weiten sich die Einstellungen der Mitglieder. Sie sehen ihre Arbeit nicht mehr nur als Reaktion auf Tagesprobleme, die es abzuarbeiten gilt, sondern als in ihre Verantwortung gegebene Aufgabenfelder, die sie vorausschauend gestalten können. Je klarer die Zielorientierung, desto höher das Maß an Selbstbestimmung.

❖ *Vom Mitarbeiter zum Mitunternehmer:* Die Diskussion der eigenen Ziele im Rahmen der übergeordneten Ausrichtung der Organisation(seinheit) vertieft das Verständnis des eigenen Verantwortungsbereichs. Die Forderungen und Erwartungen des Vorgesetzten oder benachbarter Einheiten werden nicht nur formal zur Kenntnis genommen, sondern als begründet verstanden, umgekehrt die Anforderungen des eigenen Tätigkeitsfelds mit denen anderer dichter und konkreter verflochten.

❖ *Von hierarchischer Zielvorgabe zur konsensorientierten Unternehmenskultur:* Ein solcher Prozess verändert das Führungsverständnis des oberen Managements heraus. Es kann sich nicht mehr darauf beschränken, Marschrichtung und Strategie vorzugeben, es muss sich auch offenen Fragen, Bedenken, Widersprüchen stellen. Sofern es sich darauf einlässt, gibt es den Anstoß zu einer *lernenden Organisation,* in der die verschiedenen »Systeme« sich auf die veränderte Umwelt und ihre gegenseitige Dynamik kontinuierlich abstimmen.

Ziele aushandeln

Auch wenn sich Führungskraft und Mitarbeiter über die Zielrichtung grundsätzlich einig sind, heißt das noch lange nicht, dass sie auch in ihren konkreten Zielvorstellungen übereinstimmen. Die konkrete Vereinbarung ist immer das Ergebnis eines Aushandelns, – oder sie ist eine einseitige Zielvorgabe. Was mag wohl im Kopf eines Verhandlungspartners vorgehen?

Sagt er 12,
meint er 10,
will er haben 8,
wird wert sein 6,
möchte ich geben 4,
werd ich sagen 2.

Es geht nicht um Krämermentalität. Wer das unterstellt, vergisst, dass Ziele immer geistige Projektionen sind, in die sowohl ideelle als auch taktische Überlegungen einfließen. Deshalb ist es auch im Hinblick auf Coaching sinnvoll, genau zu sehen, wie konkrete Zielvorstellungen zustande kommen. Wie wir oben (s. S. 62) beschrieben haben, ist nicht die individuelle Motivation ausschlaggebend, sondern die Erfüllung des Auftrags und Zwecks der Organisation. Das kann aber von Führenden und Mitgliedern nur gemeinsam geleistet werden, insofern hängen alle in einer Organisation voneinander ab. Zielvereinbarungen sind der klassische Brennpunkt, in dem die unterschiedlichen Sichtweisen und Präferenzen der Akteure aufeinander stoßen.

Führende stehen in der Verpflichtung dem Topmanagement gegenüber, sie verfügen über mehr Informationen, erhoffen sich von guten Resultaten ihrer Mitarbeiter selbst Vorteile, wollen nach oben beeindrucken. Andererseits sind sie oft nicht nahe genug am Geschäft, um die realen Behinderungen und Bedingungen verlässlich einschätzen zu können. Dies zusammen führt dazu, dass Führungskräfte im Allgemeinen dazu neigen, Ziele weitaus höher anzusetzen als die Mitarbeiter. Gerne zitieren Führende in diesem Zusammenhang Hermann Hesse: man müsse das Unmögliche versuchen, damit das Mögliche möglich werde. Bei Hermann Hesse heißt es allerdings, man müsse *manchmal* das Unmögliche versuchen. Oder sie orientieren sich an den Erfahrungen in der Zen-buddhistischen Kunst des Bogenschießens: *Je weiter ein Ziel entfernt ist, desto höher musst du zielen.*

Mitglieder stehen demgegenüber in einer grundsätzlich anderen Situation. Sie haben das Alltagsgeschäft zu bewältigen, das hektisch, vielfach unterbrochen, weitgehend von außen bestimmt ist. Gerade qualifizierte und erfahrene Mitarbeiter, die grundsätzlich gewillt sind, ihr Bestes für die Organisation zu geben, haben zugleich auch ihren Alltag vor Augen, in dem sie häufiger reagieren müssen als agieren dürfen. Sie wissen aus Erfahrung, dass bei aller Planung immer Unvorhergesehenes dazwischenkommt. Sie zitieren Bertolt Brecht: *»Ja, mach nur einen Plan, sei nur ein großes Licht, und mach noch nen zweiten Plan, gehn werden sie beide nicht.«* (Drei-Groschen-Oper)

In den Zielvereinbarungen sucht jeder den anderen zu überzeugen, Führende die Mitglieder im Hinblick auf den Zweck, den Auftrag, die Wertschöpfung der Organisation, Mitglieder ihre Vorgesetzte im Hinblick auf eherne Gesetzmäßigkeiten des betrieblichen Alltags: Führende argumentieren *ideell*, sie setzen Ziele »hoch« an, Mitglieder denken *materiell*, sie setzen sie »niedrig« an.

Beide Sicht- und Argumentationsweisen sind wichtig. Kontraproduktiv wäre der Disput darüber, wer Recht hat. *»Führe nie ein Gespräch, um Recht zu haben, sondern um ein Ziel zu erreichen.«* Die Grundsätze sachlichen Verhandelns aus dem »Harvard-Konzept« (Fisher/Ury/Patton 2000) können hier Anwendung finden.

❖ *Trenne Mensch und Problem voneinander:* Dass Führungskräfte und Mitarbeiter verschiedene Sichtweisen und Interessen haben, ist zunächst eine Tatsache, zum Problem wird sie erst, wenn jeder die eigenen Vorschläge emotionsgeladen vorbringt und Gegenvorschläge als Provokation empfindet, sachliche Gegebenheiten mit Ärger, Ressentiment oder Streitlust vermengt. Ein Führender als Coach könnte fragen: *Welche Vorschläge vertritt die eine, welche die andere Seite? – Wie begründet jede Seite ihren Zielvorschlag? – Welche Gründe passen zu Leitidee und Grundwer-*

ten? – *Welche Risiken bringt der Vorschlag jeder Seite mit sich? – Was kann jede Seite tun, um die Risiken zu minimieren?*

❖ *Konzentriere dich auf Interessen, nicht auf Positionen:* Bevor eine Seite sich auf den Zielvorschlag der anderen Seite einschießt, sollte sie herausfinden, welche Interessen dahinter stehen. Unterschiedliche Standpunkte schließen gemeinsame Interessen nicht aus. *Welches eigentliche Anliegen steht hinter einer Position? – Welche Bedürfnisse und Werte ignoriert der Gegenvorschlag? – Welche Interessen und Ziele sind beiden Seiten gemeinsam? – Wie viel Verständnis bringt jede Seite für die andere auf?*

❖ *Entwickle Alternativen, die beiden Seiten nützen:* Zeitdruck verführt dazu, sich vorschnell zu einigen. Wären beide Seiten beharrlicher geblieben, hätten sie vielleicht eine bessere Lösung gefunden. Die Suche nach Lösungen soll sich auf das konzentrieren, was beiden Seiten Vorteile bringt. Alternativen vorzuschlagen, die nur einer Seite nützen, zieht die Verhandlung unnötig in die Länge und vergiftet das Klima. *Werden Vorschläge erst gesammelt und dann bewertet? – Kann ein Vorschlag, ohne Kritik zu ernten, vorgebracht werden? – Werden Optionen gesucht, die den Interessen beider dienen? – Sind Teilziele getrennt verhandelbar?*

❖ *Einige dich auf objektive Bewertungskriterien:* Mit realistischen Zielen gewinnt oder scheitert eine Organisation (wie der neue Markt schlagend beweist). Zielvereinbarungen sind denkbar schlecht geeignet für Machtspiele, genau das ist jedoch gängige Praxis. Nicht die Machtambition, sondern der klare Blick für die Realität, meist des Marktes, entscheidet über kurz oder lang, welche Ziele den Wertgehalt der Organisation wirklich steigern. *An welchen Kriterien wird die Wertschöpfung festgemacht? – Sind sich beide Seiten in den Kriterien einig? – Welche Korrekturmöglichkeiten sind notfalls vorgesehen? – Was lernen alle aus der Art, wie sie Ziele vereinbaren?*

Ziele durch Aushandeln vereinbaren braucht Zeit, Konfliktfähigkeit (auf allen Seiten), sensiblen Umgang mit Macht (bei den Führenden) und unternehmensbezogenes Commitment (bei den Mitarbeitern). Wenn Führungskräfte sagen: »Genau das fehlt!«, dann sei die Gegenfrage erlaubt: »Wofür sind Sie eigentlich verantwortlich?« – »Für Ergebnisse.« – »Richtig *und* für ihr Ermöglichen!« Hier kommen wir wieder auf die Bedeutung von Führungszielen zurück (s. S. 54). Die Form, wie Ziele entwickelt und festgelegt werden, ist der Prüfstein für die Kultur eines Unternehmens. In machtbetonten Organisation wird sie eine *hierarchische Zielvorgabe* bleiben (auch wenn sie Zielvereinbarung genannt wird), in schlanken Organisationen mit selbst steuernden Teams und eigenverantwortlichen Mitgliedern wird sie eine wirklich *kollegiale Vereinbarung* darstellen (Kunz 1999, S. 83).

Ziele formulieren

Ziele sollen möglichst konkret formuliert sein. Hinter dieser oft erhobenen Forderung stehen eine Reihe praktischer Probleme. Auf die wichtigsten wollen wir eingehen.

❖ *Quantifizierbare Ziele* zu formulieren ist nicht schwierig. Hierbei sind jedoch zwei häufig vorkommende Formulierungsfallen zu vermeiden: unklare und mehrdeutige Worte – von a wie angemessen bis z wie zusätzlich – sowie Komparativa verwenden: mehr, weniger, kürzer, länger, härter. Zahlen und Maßeinheiten (DM, Stück, kg, l, m, qm) sind brauchbare Messziffern. Bei Prozentangaben (Ausschussquote um 20 Prozent senken) muss zuvor die Berechnungsgrundlage geklärt werden (Stück? Wert? Gewicht? Vorjahreswert?)
❖ *Bei qualitativen Zielen,* die kaum oder gar nicht zu quantifizieren sind, wie persönliche Entwicklungsziele oder Verhaltensänderungen, legen sich zwei Vorgehensweisen nahe. (1.) Den Zustand beschreiben, der eintreten soll, wenn das Ziel erreicht ist: Der Entwurf einer Bildungskonzeption liegt vor bis X; die Ablage ist bis zum Zeitpunkt Y im PC gespeichert; Frau Dorte beherrscht bis Z die Tabellenkalkulation. (2.) Die einzelnen Schritte und Aktivitäten auflisten, die zum Ergebnis führen: Eine »gute« Schaufenstergestaltung benutzt nicht mehr als drei Farben, hat einen Blickfang, Schriftzüge, die aus mindestens fünf Metern zu lesen sind.

❖ *Komplexe Ziele* werden klarer, wenn man sie aufschlüsselt und die einzelnen Aspekte verhaltensnah beschreibt. Zum Beispiel: »Ich will meine Arbeit mit einem hohen Maß an innerer Ausgeglichenheit, Zufriedenheit und Stolz auf das Erreichte durchführen.« In einem ersten Schritt werden die qualitativen Aspekte konkretisiert: beispielsweise ausgeglichen (sich nicht bei jeder Kleinigkeit aufregen, lockere Schultern, Zeit für persönliche Gespräche, tolerant gegenüber anderen), dann die Quantität bestimmt: hohes Maß (vier Tage pro Woche). Ziele so verhaltensnah aufzugliedern mag kleinlich erscheinen, abwegig gar, sie schriftlich zu vereinbaren. Die Diskussion im Vorfeld kann jedoch den Blick schärfen, welche Aspekte zielrelevant sind und was konkret zu tun ist, um sie zu realisieren.

Wie kommt man zu realistischen Zielen bei *neuen Aufgaben*, für die noch *keine Erfahrungen* vorliegen? Zwei Vorgehensweisen sind hier hilfreich:

❖ Den Zeitraum, der bis zum Ziel zurückzulegen ist, in Zwischenetappen untergliedern, die man gut abschätzen kann, die so genannte »Beppo«-Methode: der Straßenkehrer Beppo – aus Michael Endes Buch »Momo« – nimmt sich immer nur das nächste Stück vor. Ähnlich der frühere Bundestrainer Sepp Herberger auf die Frage, welches Spiel das wichtigste sei: Das nächste.

❖ Sich über Hilfsgrößen an eine realistische Zielschätzung herantasten. Ein Doktorand kann das Konzept seiner Dissertation realistischer einschätzen, wenn er verschiedene Tests startet: Vortrag auf einem Kongress, Referat vor Experten, Vermittlung in einer Lehrveranstaltung, Publikation von Teilen in einer Fachzeitschrift.

Häufig wird die *Zeitspanne unrealistisch*, meist zu kurz, eingeschätzt. Bei Projekten ist es fast schon an der Tagesordnung, dass sie später als terminiert zum Abschluss kommen. Dieser systematischen Zeitunterschätzung liegen zwei subjektive Urteilstendenzen zugrunde: die Neigung, bisher gemachte Erfahrungen mit gescheiterten Zeitplänen zu verdrängen, und die Überzeugung, Verzögerungen seien ausschließlich äußeren Umständen, nicht der eigenen Person zuzuschreiben (Attribuierung, s. S. 92), und diese Umstände würden bei diesem Projekt ganz gewiss nicht eintreten. Zu einer realistischen Zeitschätzung gelangt man auf zwei Wegen:

❖ Ein Tätigkeitsprotokoll führen, in dem die tatsächlich aufgewendete Zeit einschließlich der (eigenen!) Störungen aufgezeichnet sind.
❖ Andere Personen, die Erfahrung mit dieser Aufgabe haben, um ihre Einschätzung bitten. In der Regel schätzen Beobachter die tatsächlich benötigte Zeit genauer ein als die Akteure.

Zielkonflikte werden durch Rangordnung, Kompromiss oder Verzicht geregelt oder integriert. Zum Beispiel will ein Verlag oder ein Fernsehanbieter sowohl eine hohe Qualität der Beiträge liefern als auch eine hohe Zahl an Abonnenten bzw. Zuschauer gewinnen.

❖ *Rangordnung:* Als oberstes Ziel wird eine hohe, kundenorientierte Qualität der Beiträge festgelegt, die Auflagenhöhe untergeordnet oder umgekehrt (wohl häufiger der Fall).
❖ *Kompromiss:* Am Qualitätsanspruch der Beiträge werden Abstriche gemacht, sie sind weiterhin informativ und gehaltvoll, aber allgemein verständlicher. Oder die Qualität wird sequenziell variiert: auf anspruchsvolle folgen unterhaltsame Beiträge.
❖ *Verzicht:* Die Chefredaktion verfolgt die Vision einer elitären, auf hohem Niveau angesiedelten, in Europa einzigartigen Fachzeitschrift bzw. Sendung. Sie weigert sich, Kompromisse hinsichtlich des wissenschaftlichen oder journalistischen Niveaus einzugehen. Oder umgekehrt: Sie verzichtet auf Qualität und gibt dem Kunden, was er lesen oder sehen will.

Das Zielvereinbarungsgespräch

Für das Zielvereinbarungsgespräch gelten die Grundsätze eines Mitarbeitergesprächs.

1) **Vorbereitung**
   ❖ Ort und Termin vereinbaren.
   ❖ Ziele und Agenda vorher abstimmen.
   ❖ Für eine störungsfreie Zeit (etwa $1^1/_2$ Stunden) Vorsorge treffen.
   ❖ Inhaltlich vorher klären:
      – die zu erreichenden Ziele und ihre Begründung;
      – mögliche Handlungsspielräume;
      – Termin- und Zeiträume;
      – Überprüfungs- und Kontrollmodalitäten;
      – Hilfestellung und Unterstützung: wer – wobei – wie?

2) **Gesprächsführung**
   ❖ Ziele klar und verständlich ansprechen, erklären und begründen. Unterschiede begründen lassen, werten und entscheiden.
   ❖ Zuhören und Vertrauen bezeugen: die Argumente des Mitarbeiters ernst nehmen, auf ihn persönlich eingehen, Übereinstimmung festhalten (protokollieren?).
   ❖ Eigene Anliegen und Empfindungen zum Ausdruck bringen: Hoffnung (Optimismus) und Skepsis (was passiert, wenn…).
   ❖ Gespräch zielorientiert und fair lenken, nicht dominieren.
   ❖ Selber glaubwürdig sein (s. S. 74).

3) **Umgang mit Konflikten**
   ❖ Zielvorstellungen nochmals überprüfen.
   ❖ Eventuell Modifikationen anstreben, zum Beispiel durch Vereinbarung eines Korridors mit einer unteren, mittleren und oberen Grenze: Die untere muss erreicht werden, die mittlere wird anerkannt, die obere besonders vergütet.
   ❖ Verhandeln, das heißt Bedingungen nennen lassen, unter denen die Zielvorstellung realisiert werden kann.
   ❖ Wenn es zu keiner Einigung kommt, gilt die hierarchische Devise: Der »Ober sticht den Unter«. Der Mitarbeiter wird auf das Ziel verpflichtet: Statt einer Vereinbarung erhält er einen Auftrag. In diesem kritischen Fall muss der Führende Prioritäten setzen: Die Ziele der Organisation und damit ihr Auftrag dürfen nicht gefährdet werden.

4) **Grundsätzliches**
- ❖ Nur wenige Ziele vereinbaren: zwei oder drei Standardziele, ein Innovations- und ein Entwicklungsziel.
- ❖ Vereinbarte Ziele schriftlich formulieren und gegenzeichnen, zum vereinbarten Zwischentermin auf Vorlage legen.
- ❖ Zwischentermine zur Prozesskontrolle und Endtermin zur Ergebniskontrolle festlegen.

Zielvereinbarung schriftlich festhalten

Die schriftliche Dokumentation der Zielvereinbarung kann ganz unterschiedlich sein. Fast jede Organisation hat ihr eigenes Format entwickelt. Wir beabsichtigen nicht, die Ansammlung um ein weiteres Formblatt anzureichern. Das folgende Schema fasst vielmehr die Struktur einer Zielvereinbarung zusammen (vgl. Stroebe 1996b, S. 44).

Fazit

Zielvereinbarungen werden ausgehandelt. Man kann sie als eine Art Vertrag betrachten, der festlegt, welche Leistung jede Seite zu einem bestimmten Zeitpunkt an Umfang, Qualität und zu den vereinbarten Konditionen zu erbringen hat. Normalerweise regelt ein Vertrag auch die Konditionalstrafen, falls die Lieferbedingungen nicht erfüllt werden. Bei Zielvereinbarungen ist das nicht vorgesehen, mit gutem Grund, denn beide Seiten sind keine gleichberechtigten Partner. An dieser Stelle enden auch alle Vergleiche innerorganisatorischen und freien Unternehmertums. Mitglieder sind im Hinblick auf Ziele weitaus abhängiger von ihrer Organisation als ein freier Unternehmer vom Markt – trotz aller Hochschätzung innerorganisatorischen Unternehmertums (»Intrapreneurship«). Die Kernelemente eines Vertrags können daher bestenfalls Anhaltspunkte liefern, welche Punkte einer Zielvereinbarung in Organisationen verhandelbar sind und sein können.

Schritte einer Zielvereinbarung		
Kernaufgaben priorisieren	↓	*Was sind die wichtigsten Aufgaben?* ❖ Schlüssel- bzw. Kernaufgaben ❖ Aufgabenkomplexe ❖ Funktionseinheiten
Ziele setzen	↓	*Was soll erreicht/bewirkt werden?* ❖ Standard ❖ Innovation ❖ Persönliche Entwicklung
Kenngrößen konkretisieren	↓	*Woran ist das Ziel erkennbar?* ❖ Qualität (Wie gut?) ❖ Quantität (Wie viel?) ❖ Termin (Bis wann?) ❖ Aufwand (Wie teuer?) ❖ Abstimmung (Mit wem?)
Kontrolle festlegen	↓	*Wie überprüfen wir den Fortschritt?* ❖ Was? ❖ Wie häufig? ❖ Mit wem? ❖ Wie? ❖ Bringschuld oder Holschuld?
Ressourcen benennen	↓	*Welche Mittel sind erforderlich?* ❖ Mitarbeiter ❖ Budget ❖ Technologie ❖ Arbeitsmittel ❖ Zeit ❖ Informationen ❖ Strukturen (Kompetenzen, Entscheidungswege) ❖ Unterstützung
Plan ausarbeiten	↓	*Welche Schritte folgen in welcher Abfolge?*

Maßnahme	Priorität/ Sequenz	Mit wem?	Beginn	Ende

Ziele realisieren und reflektieren

Mit der meist schriftlich niedergelegten Vereinbarung endet die Findungs- und Formulierungsphase. Nun beginnt die Realisierung, in der das Mitglied auf die Ziele hin- und zuarbeitet. In dieser Phase ändern sich wiederum Rolle und Verhalten des Führenden. Er ist nicht mehr aktiv stimulierend, sondern wachsam beobachtend, bereit, einzugreifen und zu stützen, wenn die Zielerreichung bedroht ist. Dazu braucht er zweierlei: *Informationen*, die tatsächlichen Aufschluss über den Stand der Dinge erlauben, und *Stützsysteme*, die vorbeugend wirken. Das Mitglied benötigt ebenfalls Informationen, an denen es ablesen kann, wie weit die Zielerreichung gediehen ist, und, falls erforderlich, Unterstützung, Rat und Rückendeckung.

Zielorientierung unterstützen

Der Führende kann zielorientiertes Arbeiten und Zusammenarbeiten erleichtern oder erschweren. Wir wollen uns hier auf den strukturellen und psychologischen Aspekt von Unterstützung beschränken.

Klare Verantwortlichkeit

Ziele vereinbaren nutzt wenig, wenn nicht auch die Zuständigkeiten und Verantwortungen geklärt sind. Ein Mitarbeiter muss wissen, wofür er zuständig ist, wo seine Grenzen liegen und was er zur Zusammenarbeit beizutragen hat. Dafür zu sorgen, dass diese »Systembedingungen« geschaffen werden, ist eine der ersten Unterstützungsaufgaben. Eine Organisation kann sich nicht darauf verlassen, dass nach der Zielvereinbarung spontan entstehende Netzwerke diese Zuständigkeiten entwickeln. Rollen, Erwartungen und Koordinationsformen festzulegen und zu regeln, ist klassische Führungsaufgabe, auch in netzwerkförmigen Organisationen.

Wichtig ist dabei, die »lokale Autonomie« zu umreißen und festzulegen, innerhalb derer das Mitglied bzw. Team für Ergebnisse zuständig ist. Die aus der klassischen Delegationspraxis stammende »Dreieinigkeit« von *Aufgaben* (Ziele), *Rechten* (Kompetenzen), *Pflichten* (Verantwortung) deckungsgleich festzulegen ist hier nach wie vor hilfreich.

Einen regelmäßigen Jour fixe mit jedem Mitarbeiter (jedem Team) ist ebenfalls sinnvoll. Die Agenda bleibt gleich:

❖ Stand der Zielerreichung (des Projekts) *beschreiben.*
❖ Trends und Entwicklungen *bewerten.*
❖ Probleme und Konflikte *benennen.*
❖ Lösungen *entscheiden.*
❖ Verantwortung (Aktionsplan) *teilen.*

Partnerschaftliche Einstellung

Von nicht zu unterschätzender Bedeutung ist die kooperative Einstellung des Führenden. Es ist gar nicht selten, dass die Führungskraft die eigenen Mitarbeiter als Konkurrenten, nicht als Mitstreiter oder Partner empfindet und behandelt (s. Übersicht S. 89).

Es gibt viele Möglichkeiten (s. Teil II), wie ein Führender Mitarbeiter bei der Zielrealisierung aktiv unterstützen kann. Eine der wichtigsten ist: sie einfach arbeiten zu lassen. *Wie motivierst du einen guten Mitarbeiter? Indem du ihm den Weg frei machst.*

Zielerreichung gemeinsam auswerten

An den vereinbarten Stichtagen überprüfen, d.h. kontrollieren Führender und Mitarbeiter gemeinsam den Stand der Zielerreichung. Kontrolle ist, wo immer Menschen zusammenarbeiten, unverzichtbar. Sie gegen Vertrauen auszuspielen, verkennt geschichtliche Erfahrungen und zeugt von einem unterentwickelten Ethos. Kontrolle ist nichts anderes als die Rechenschaft, die jemand für sein Tun und Wirken vor denen abgibt, für die er seine Leistung (Dienst) erbringt. Verantwortung impliziert Verantwortlichkeit. Die Rechenschaftspflicht abzulehnen käme der Leugnung jeglicher Verantwortung gleich.

Mein Vorgesetzter ...	
kooperiert	❖ Stellt mir wichtige Informationen zur Verfügung. ❖ Freut sich, wenn ich Erfolg habe. ❖ Interessiert sich für meine Ziele. ❖ Hilft mir, die Ziele besser zu erreichen. ❖ Räumt meinen Zielen hohe Priorität ein. ❖ Gibt mir die Chance, mich weiterzuentwickeln. ❖ Ist stolz auf das, was ich erreiche. ❖ Teilt mir seine Ideen und Vorstellungen mit. ❖ Organisiert die Arbeit so, dass wir beide Erfolg haben. ❖ Hilft mir, im Unternehmen voranzukommen. ❖ Unterstützt mich in allem, was mir hilft, die Arbeit besser zu machen.
konkurriert	❖ Räumt nur seinen Zielen eine hohe Priorität ein. ❖ Scheint sich bedroht zu fühlen, wenn ein Mitarbeiter erfolgreich ist. ❖ Führt mir ständig vor, dass er mehr weiß. ❖ Kommt unter Druck, wenn ich eine höhere Qualifikation erwerbe. ❖ Enthält mir wichtige Informationen vor. ❖ Demonstriert gerne seine Überlegenheit. ❖ Hindert mich oder untersagt mir, Verbesserungen und Veränderungen einzuführen. ❖ Organisiert Ressourcen so, dass sie eher seinen Zielen dienen.

Die Frage ist also nicht, ob Kontrolle oder Vertrauen besser sei, sondern wie Kontrolle *und* Vertrauen miteinander verbunden werden können. *Vertrauen ist gut, Kontrolle ist – notwendig.* Die bisherigen Phasen haben Führungskraft und Mitarbeiter genügend Möglichkeiten geboten, Vertrauen zwischen sich wachsen zu lassen, angefangen bei der Einbindung in die Zielentwicklung, über das Aushandeln der Zielvereinbarung bis zu den diversen Aktivitäten während des gesamten Zeitraums der Zielrealisierung. Zweifellos stellt aber das Auswertungsgespräch das Vertrauen auf eine harte Probe. Deshalb sind viele Organisationen bemüht, diesem Gespräch einen Strukturrahmen in Form eines institutionalisierten Mitarbeitergesprächs zu geben. Die gemeinsame Auswertung umfasst vier Schritte.

- ❖ *Beschreibung:* Welche Ziele sind erreicht/nicht erreicht?
- ❖ *Bewertung:* Wie sind die Ergebnisse zu beurteilen?
- ❖ *Begründung:* Was hat zu Erfolg und Misserfolg geführt?
- ❖ *Reflexion:* Was lernen wir daraus?

Beschreibung

Die Aussprache beginnt damit, dass der Mitarbeiter von sich aus beschreibt, was er in der zurückliegenden Periode erreicht hat. Die vereinbarten Ziele dienen dazu als Maßstab. Wenn sie klar formuliert und eindeutig definiert worden sind, dürfte die Feststellung, inwieweit sie erreicht worden sind, wenig Probleme bereiten. Mit der Beschreibung beginnen heißt, das Gespräch auf Fakten zu gründen. Intuitiv gehen wir meistens umgekehrt vor: Wir bewerten Ergebnisse spontan danach, ob wir mit ihnen zufrieden sind oder nicht, und suchen dann nach Informationen, die unseren Eindruck belegen. Genau dies führt uns aber in Rechtfertigungsschleifen: *Wir finden triumphierend die Ostereier, die wir vorher heimlich versteckt hatten.* Folge: Wir lernen nichts dazu. Sinnvoller ist es, zunächst einmal die real nachweisbaren Ergebnisse, ob positiv oder negativ, zur Kenntnis zu nehmen und darüber einen Konsens zu erzielen. Es kommt nicht selten vor, dass jeder Gesprächspartner Informationen besitzt, über die der andere nicht verfügt. Erst wenn dieser Abgleich vorliegt, kann die Bewertung beginnen.

Bewertung

Dem Dialog und dem grundsätzlichen Verständnis eines Führenden als Coach entspricht es, zuerst den Mitarbeiter selbst darstellen und bewerten zu lassen, wie er sich und seine Leistung sieht. In vielen Fällen ist die Selbsteinschätzung so realistisch, dass die Führungskraft dem kaum mehr etwas hinzufügen muss. Gerade erfahrene und eigenständige Mitarbeiter vermögen sehr wohl, sich und ihre Leistungen realistisch zu bewerten. Die Selbsteinschätzung erreicht empirisch nachweislich ein hohes Maß an Objektivität, wenn der Mitarbeiter weiß, dass anschließend die Fremdeinschätzung durch andere (Vorgesetzter, Kollegen, Kunden) erfolgt.

Wenn Organisationen verlangen, dass die Zielerreichung auf einer mehrstufigen Skala zu bewerten ist, entstehen meist zwei Schwierigkeiten. Methodisch entzündet sich der Streit an der Verankerung der Skala: Gilt die Erreichung des Zieles als »hervorragende« Leistung (A), die eine Anerkennung (eventuell Prämie) rechtfertigt, oder als »erfüllte« Selbstverständlichkeit (C)? Die zuletzt genannte Verankerung kann widersinnig sein. Angenommen, in puncto Sicherheit seien »Null Fehler« vereinbart und erreicht worden, dann muss die Zielerreichung mit C eingestuft werden. Damit wird dem Mitarbeiter signalisiert, dass er im Sicherheitsbereich bestenfalls durchschnittlich sein kann, denn mehr als Null Fehler kann er ja nicht erreichen. Erwachsene Menschen fühlen sich durch solche Beurteilungen wie Schuljungen/-mädchen behandelt. Sie ziehen eine genaue Beschreibungen der Ergebnisse und ihrer Beiträge der Benotung vor.

Diese Schwierigkeiten sind nicht methodisch zu lösen, etwa durch eine noch weiter gespreizte sieben- oder gar neunstufige Skala, zu der manche Personalleute neigen. Eine Organisation muss vielmehr Grundsätze bei der Beurteilung aufstellen, die dem Leitbild des unternehmerischen Mitglieds entsprechen. Dazu gehört zum einen der Nachweis des Nutzens, den eine kompakte und transparente Beurteilung für alle darstellt, zum anderen die Beschränkung auf eine einfache dreistufige Bewertung. Es ist sinnvoll, schon bei der Vereinbarung *Korridore* festzulegen (s. S. 84).

Begründung

Fehlendes Verständnis für die Sicht des anderen zeigt sich nicht selten bei der Begründung der Ergebnisse. Erfolg (Zielerreichung) und Misserfolg (Zielverfehlung) sind immer Ergebnis des Zusammenspiels personeller und situationsgebundener Einflüsse. Jede Handlung vollzieht eine Person in einer Situation. Nicht das Zusammenspiel als solches ist die Frage, sondern welcher Anteil mehr der Person, welcher mehr der Situation zuzuschreiben ist. Hier kommt eine psychologische Gesetzmäßigkeit ins Spiel, der zufolge die Sichtweisen der handelnden und der beobachtenden Person stets differieren. Die handelnde Person, also der Mitarbeiter, neigt dazu, Erfolge sich selbst zuzuschreiben, Misserfolge dagegen den Umständen anzulasten. Beobachter (Vorgesetzte, Kollegen, Kunden) sehen das gerade umgekehrt: Erfolge schreiben sie den günstigen Umständen zu, für Misserfolge machen sie die Person verantwortlich. Diese Zuschreibungsprozesse werden *Attribuierung* genannt.

Attribuierung(sfalle)	
Person	**Umstände**
Qualifikation, Kompetenz: ❖ Klar definierte Ziele, ❖ erreichbare Ziele, ❖ versierte Planung, ❖ professionelle Umsetzung.	*Mächtige Andere:* ❖ Bereitgestellte Ressourcen, ❖ Unterstützung und Hilfestellung, ❖ förderliche Rahmenbedingungen, ❖ günstige Entwicklung.
Motivation, Verantwortungsbereitschaft: ❖ Identifikation mit dem Ziel. ❖ Verpflichtung auf das Ziel. ❖ Wirksames Störungsmanagement. ❖ Selbststeuerung und Selbstmotivation.	*Zufall:* ❖ Glück. ❖ Pech.

Wenn bei der Ergebnisbewertung jede Seite ihre Sicht für die einzig richtige und zutreffende reklamiert, stecken beide in der *Rechtfertigungsfalle*. Ein Führender kann die Wirkung dieser Prozesse relativieren, wenn er zunächst der Sichtweise des Mitarbeiters folgt. Er lässt zuerst die externen Einflüsse auflisten und gewichten, dann erst bringt er den persönlichen Beitrag des Mitarbeiters zur Sprache. Geht er anders vor, eskaliert das Gespräch zum Kampf um die Frage, wer Recht hat, untrüglich am häufigen Auftreten von »*ja, aber* ...« erkennbar. Da immer Person *und* Umstände zusammenwirken, kann der Führende im Gespräch das »oder« durch ein »und« ersetzen. Statt eines Gerichtsszenarios, in dem der Angeklagte (Mitarbeiter) sich rechtfertigen muss, initiiert er ein Problemlöse- und Lernszenario. *Nicht Sündenböcke suchen, sondern Probleme lösen.* Daher sollten Führungskraft und Mitarbeiter gemeinsam prüfen – in dieser Reihenfolge:

1) **Äußere Umstände**
   - ❖ Ist die Zielvereinbarung:
     - – klar definiert und formuliert?
     - – realistisch und erreichbar?
     - – integriert und vernetzt?
   - ❖ Ist die geplante Vorgehensweise der Zielerreichung dienlich?
   - ❖ Verfügt der Mitarbeiter über die erforderlichen Ressourcen?
   - ❖ Fördert die Zusammenarbeit im Team die Zielerreichung?
   - ❖ Sind die Ziele der Einzelnen im Team aufeinander abgestimmt?
   - ❖ Gab es Veränderungen, die der Mitarbeiter wirklich nicht beeinflussen konnte (Markt, Geschäftspolitik)?

2) **Person des Mitarbeiters**
   - ❖ Fähigkeiten und Fertigkeiten:
     - – Besitzt er/sie das erforderliche Wissen und Können?
     - – Setzt er/sie sich Prioritäten nach den vereinbarten Zielen?
     - – Erleichtert seine Selbstorganisation die Zielerreichung?
   - ❖ Motivation und Verantwortungsbereitschaft:
     - – Inwieweit motiviert er/sie sich selber?
     - – Setzt er/sie sich herausfordernde Ziele?
     - – Identifiziert er/sie sich mit den vereinbarten Zielen?
     - – Übernimmt er/sie die Verantwortung und steht zu ihr?
   - ❖ Zusammenarbeit und Kommunikation:
     - – Wie fördert er/sie Erfolg und Zusammenhalt des Teams?
     - – Wie reagiert er/sie auf Kritik?

❖ Führung (nur bei Führungskräften):
  – Sind die vereinbarten Führungsziele erreicht worden?
  – Inwieweit hat sich die Integration des Teams verbessert?
  – Konnte er/sie Konflikte rasch und dauerhaft beseitigen?
  – Setzt er/sie die Mitarbeiter nach ihren Stärken für die Zielerreichung ein?
  – Ist der Aufwand für Führungs- und Fachaufgaben der Position angemessen?
  – Wie viel Zeit hat er/sie durch Delegation gewonnen?
  – Wie sehr hat sich sein/ihr Verhaltensrepertoire für unterschiedliche Führungssituationen erweitert?

Exkurs 1:
Grenzen einer ergebnisbezogenen Beurteilung

… bei den Arbeitszielen

Die Bewertung von Ergebnissen aufgrund der Zielvereinbarung kann ohne ausführliche Formalitäten praktiziert werden. Die Ziele (Soll) werden einfach als Messlatte für die Beurteilung der Ergebnisse (Ist) hergenommen. Ein solches Vorgehen stößt indessen auf erheblichen Widerstand, der nicht nur psychologisch bedingt ist, sondern mit dem Konzept einer ausschließlich ergebnisorientierten Beurteilung zusammenhängt:

❖ Schnelle Änderungen (Konjunktur, Markt) machen eine fortlaufende Anpassung der Ziele nötig. – Ist der damit verbundene Aufwand zu rechtfertigen?

❖ Kurzfristige Änderungen in den Zielen und Planungen führen zu größerer Unsicherheit hinsichtlich der Auswertung der Ergebnisse. – Sind die Ergebnisse Folge der geänderten Prioritäten oder der (In)Kompetenz der Mitarbeiter?

❖ Der Grad der Zielerreichung mag exakt festzustellen sein. – Doch welche Gründe bei Zielabweichung akzeptiert der Vorgesetzte, welche das Unternehmen?

❖ Beurteilungen auf der Basis von Ergebnisbewertungen haben den Anschein der Objektivität. – Doch welchen Stellenwert spielen Anstrengung, Einsatz, Engagement?

❖ Es gibt Ziele, die wichtig sind (zum Beispiel Vertrauen zu Kunden/Mitarbeitern aufzubauen), deren Erreichung aber unsicher oder schwierig zu messen ist. – Sollen sie deshalb unterbleiben? (Wie »realistisch« erschien 1945 das Ziel »Wiederaufbau Deutschlands«?)

Folge: Eine ausschließlich auf Ergebnisse beschränkte Leistungsbeurteilung schafft konzeptionelle und psychologische Probleme. Arbeitsergebnisse, Leistungsbeurteilung und Vergütung »objektiv« koppeln zu wollen, ist (außer im Vertrieb) bislang nirgendwo überzeugend gelungen, nicht ohne Grund:

❖ Die Leistung gerade von Führungskräften, hoch qualifizierten Spezialisten und erfahrenen Profis ist in den entscheidenden Inhalten schwierig zu quantifizieren, folglich kaum zu messen. Sie können allerdings beurteilt werden.

❖ Die für eine Vergütungseinstufung notwendigen Quervergleiche sind in flachen Hierarchien oft nicht (mehr) möglich.

❖ Die Erfolge von Führungskräften und Spezialisten sind in zunehmendem Maße von externen Einflüssen und Rahmenbedingungen abhängig, sodass eine relativ konfliktfreie Beurteilung nicht möglich ist.

❖ Klassisches MbO relativiert Anstrengung, Einsatz und Engagement des Einzelnen so sehr, dass er eine rein ergebnisbezogene Beurteilung als ungerecht empfindet.

Führen mit Zielen hebt diese psychologischen Akzeptanzprobleme auf (im dreifachen hegelschen Sinn). Sie nimmt sie ernst, beseitigt sie und bewahrt sie, indem sie die Beurteilung an drei Dimensionen ausrichtet:

❖ Ziele (quantifiziert),

❖ Kerntätigkeiten (nicht quantifiziert),

❖ Kompetenzen (qualitativ und quantitativ beschrieben).

Zielvereinbarungen als Vorgabe für die Beurteilung werden akzeptiert, wenn

❖ Perfektionismus (umfangreiche Dokumentation, detaillierte Angaben) vermieden wird;

❖ nicht auf der Quantifizierung aller Ziele bestanden wird;

❖ Zielsetzungen akzeptiert werden, die nicht exakt definiert sind;

❖ nicht auf Zielen bestanden wird, die der Mitarbeiter nicht akzeptieren kann;

❖ Arbeitsfortschritte auch belohnt werden, wenn das Ziel nicht erreicht ist, doch der Mitarbeiter sich voll engagiert hat;

❖ nicht eine ständige Steigerung der Ziele erwartet wird.

... bei den Entwicklungszielen

Die Schwierigkeiten einer rein ergebnisbezogenen Bewertung verstärken sich bei den persönlichen Entwicklungszielen. Zwar kann man beispielsweise wachsendes Selbstvertrauen an bestimmten Verhaltensweisen festmachen (zum Beispiel redet frei, sucht Kontakt zur Führungskraft, spricht Konflikte an, geht auf einen schwierigen Kunden zu usw.), doch über eines muss man sich klar sein: Selbst wenn alle verhaltensbezogenen Messgrößen für Selbstvertrauen sprechen, kann der Mitarbeiter dennoch zutiefst unsicher bleiben. Er tut zwar alles, was von ihm verlangt wird, müsste demnach aus der Sicht verhaltensorientierter Experten das Ziel erreicht haben – und beweist paradoxerweise genau dadurch sein mangelndes Selbstbewusstsein. Die Beurteilung von Lernen, Reifen und Wachsen bei den Entwicklungszielen kann nicht rein ergebnisbezogen gemessen, sondern nur durch erfahrene Beobachter und (Menschen-)Kenner beurteilt werden.

Exkurs 2:
Von der Rehabilitation des Mühens
oder der Weg ist das Ziel

Wenn in Arbeitszeugnissen steht, der Mitarbeiter »hat sich bemüht«, heißt das, »er hat nichts erreicht«. Da es auf Ergebnisse ankommt, ist er folglich ungeeignet. Unausgesprochen wird dabei unterstellt, dass der Mitarbeiter nicht zielbezogen gearbeitet habe, denn hätte er es, wären Ergebnisse nicht ausgeblieben. Hier werden Ziel und Ergebnis nicht klar genug unterschieden. Zu fragen ist jedoch, ob menschliches Handeln adäquat und damit gerecht, nur von den Ergebnissen her zu beschreiben ist. Ein Ziel verfolgen heißt nämlich noch lange nicht, es zu erreichen. Wenn jemand zum Bahnhof eilt, handelt er durchaus zielbezogen; auch wenn er den Zug verfehlt, hat er sich doch bemüht. Wollte man menschliches Leben, streng genommen, nur vom Endzustand her beurteilen, der unzweifelhaft der Tod ist, wäre Ergebnis all unseres Handelns, konsequent betrachtet, der Tod. Intuitiv wehren wir uns gegen eine solche Betrachtungsweise und setzen eine andere dagegen, in der wir die Prämisse ändern, dass nämlich menschliches Handeln nicht vom (tatsächlich erreichten) Ergebnis, sondern vom (gedachten und erstrebten) Ziel her zu verstehen ist. *Menschen gelangen zum Ziel, Tiere verenden.*

Um auf die Aussage im Arbeitszeugnis zurückzukommen: Es ist zu unterscheiden, ob jemand trotz aller zielgerichteten Anstrengungen nicht die erwarteten Ergebnisse erreicht hat, sich also bemüht hat, was menschlich und sachlich anerkennenswert ist, oder ob er nicht imstande war, sein Handeln angemessen auf Ziele auszurichten. In beiden Fällen ist der vorhandene oder mangelhafte Zielbezug der entscheidende Bewertungsmaßstab, nicht das tatsächlich erreichte Ergebnis. Mühe wenden Menschen auf, die etwas erreichen, bewirken wollen, sonst würden sie sich überhaupt nicht anstrengen. *»Die Dinge leben allzeit von der Mühe, die man sich um sie macht.«* (Erich Kästner)

Nicht nur die verwirklichten Ziele zählen. Auch die Handlungen, durch die wir unsere Ziele verwirklichen, sind Teil unseres Lebens. Das Gelingen des Lebens ist nicht einfach eine Funktion des Erreichens von Handlungszielen, sondern es verleiht den Handlungen selbst eine Bedeutung. Dies gilt in besonderer Weise für die persönlichen Ziele. Einem Spiel ähnlich ist es nicht entscheidend, welches Ergebnis am Ende des Lebens steht, sondern dass wir Handlungen auf dieses Ziel hin unternehmen (Spaemann 1989, S. 40f.). »*Im Leben ist es wie im Theater: Entscheidend ist nicht, wie lange das Spiel gedauert hat, sondern ob es gut gespielt war.*« (Shakespeare) Unser Tun ist selbst Teil unserer Identität. *Der Weg ist das Ziel.*

Reflexion

Das gemeinsame (Mitarbeiter-)Gespräch ist der geeignete Ort, über die vergangene Periode tiefer nachzudenken und Schlüsse für die nächste Arbeitsperiode zu ziehen. Peter Senge (1996, S. 234) hält die Fähigkeit zur Reflexion für einen fundamentalen Teil der mentalen Modelle change agents, von Mitgliedern, die Veränderungen in ihrer Organisation herbeiführen.

Beispielhaft möge hier das »After-Action-Review« (AAR) der US Army stehen (Senge u.a. 2000, S. 516ff.) Nach jedem Einsatz mit einem exakt definierten Ziel kommen die Soldaten zusammen, um die Ausführung und die Folgen zu bedenken. Dabei werden drei Fragen gestellt:

- ❖ *Was ist passiert?* Ereignisse in chronologischer Reihe aufführen, die tatsächliche Entwicklung nachzeichnen.
- ❖ *Warum ist es passiert?* Überprüfbare und vermutete Bedingungen (förderlicher oder hinderlicher Art) unterscheiden.
- ❖ *Was sollten wir tun?* Wie können unsere Stärken beibehalten und aufgetretene Schwächen verringert werden?

Diese AARs bezwecken, den Soldaten – und damit der Armee – zu helfen herauszufinden, was bei einer Aktion passierte, warum es passierte und wie es beim nächsten Mal besser gemacht werden kann. Formelle AARs werden nach jedem Einsatz angesetzt und dauern circa $1\frac{1}{2}$ Stunden, informelle nach wichtigen Ereignissen und unter Teilnahme verschiedener hierarchischer Ebenen und eigens eingesetzter Beobachter. Sie haben die innere Kultur der Army verändert: weg von einer »Kultur der Berichte« (nach oben) hin zu einer »Kultur der Nachbesprechung« und des gemeinsamen Lernens, wie die Dinge besser zu machen sind (S. 469).

Und damit sind wir beim eigentlichen Zweck solcher Mitarbeitergespräche: eine Auszeit zu nehmen, um das gemeinsame Verständnis der Ziele, Abläufe und Zusammenarbeit mit dem Auftrag und Zweck der Organisation(seinheit) unter sich rasch verändernden Bedingungen zu überdenken. Die permanente Zielorientierung des alltäglichen Geschäfts zwingt uns so sehr das *Pro* auf (*pro*ponieren, *pro*paglieren, *pro*sperieren, *pro*jektieren, *pro*aktiv, Botho Strauß), dass wir keine Zeit mehr für das *Re* (*re*flektieren, *re*generieren) haben. Wenn Mitarbeiter nicht die Möglichkeit haben, vertieft über ihre Ziele nachzudenken, entsteht eine *Reflexionsdiskrepanz* zwischen dem, was sie tun und denken und dem, wie sie die Organisation (und den Vorgesetzten) täglich sehen und erleben. Diese Diskrepanz verringert die Bereitschaft für Veränderung. Reflexion setzt Vertrauen voraus, wenn ich nicht offen aussprechen kann, was ich denke und bedenke, brauche ich auch nicht tiefer nachzudenken.

Entscheidend ist nicht, das Nachdenken als solches zu fördern. Viele Menschen wissen recht genau, was sie wollen. Entscheidend ist vielmehr, die Reflexion in der Arbeit und am Arbeitsplatz zu fördern, um immer tiefer herauszufinden, wie jeder seine persönliche Vision mit der seiner Organisation in Einklang bringen kann. Damit sind wir wieder beim Beginn: *Wozu arbeite ich in dieser Organisation? – Wozu übe ich Führung aus? – Was ist unser gemeinsamer Auftrag? – Wofür bin ich verantwortlich?*

Führen mit Zielen: Grundsätze

❖ Zweck und Auftrag der Organisation werden in Zielen Wirklichkeit. *Sag mir, was du willst, und ich sag dir, wer du bist.*

❖ Zweck und Auftrag allen Führens ist, die Richtung der Organisation in allen Mitgliedern so zu verankern, dass sie wirksame und wertsteigernde Ziele setzen, verfolgen und erreichen. *»Wer vom Ziel nicht weiß, wird im Kreise traben.«* (Christian Morgenstern)

❖ Durch Ziele wird Arbeit zur Leistung. *Ziele geben menschlicher Anstrengung Richtung und Sinn.*

❖ Erhaltungsziele können nur aufholen, nicht überholen. Sie machen das tägliche Geschäft aus, müssen daher weder erinnert noch vereinbart werden. Doch sollte sich jeder – Mitglied wie Führender – immer wieder fragen: Ist das wirklich wichtig? Was passiert, wenn ich das nicht tue? *»Wirksame Führungskräfte tun die wichtigen Dinge zuerst und die zweitwichtigsten – gar nicht.«* (Peter Drucker)

❖ Innovationsziele sind vorrangig zu vereinbaren. Das Augenmerk, die Stoßrichtung, Zeit- und Energieeinsatz sind auf die wirklich wichtigen und gewichtigen Ziele zu lenken. Und die sind immer nur wenige, sonst verzetteln sich Menschen. *Es ist leicht, sich zu beschäftigen, aber schwierig, effektiv zu sein.*

❖ Persönliche Entwicklungsziele sind unverzichtbar. Sie sind der Stachel, sich mit dem Erreichten nicht zufrieden zu geben, über die eigenen Grenzen hinauszugehen. *Die (An)Forderung der Organisation fördert die Mitglieder.*

❖ Ziele konkretisieren, aber nicht um jeden Preis quantifizieren (Ausnahme: Termin). Herausfordernde und anspruchsvolle Ziele üben deshalb einen so starken Sog aus, weil sie das Herz des Menschen ansprechen, nicht in erster Linie den Verstand. *»Wir können nur exakt sein in Aussagen, die bedeutungslos sind.«* (Hans-Peter Dürr)

❖ Konflikthaltigkeit von Zielen bewusst machen und nutzen. Wichtige Ziele stehen immer in Spannung zueinander. Ziele vereinbaren fordert die Kunst des Abwägens, Austarierens, Verhandelns und Ausgleichens. *Balancieren verlangt Überblick.*

❖ Aufgaben und Aktivitäten haben ihren eigenen Wert. Wenn ein Ziel nicht ausreichend präzisiert werden kann, wohl aber Maßnahmen, die einen erfahrungsgemäß in die richtige Richtung bringen, dann sind sie zu benennen. Erst am Tun erkennen wir, ob es ethisch gerechtfertigt ist und in die Wertorientierung der Organisation passt. *Der Zweck heiligt eben nicht jedes Mittel.*

❖ Ziele ohne verfügbare Ressourcen und ohne ausreichende Kompetenz im Handeln bleiben Absicht. Erst zusammen betrachtet erlauben sie die Einschätzung, ob sie realistisch sind. *Wer Ressourcen hat, hat Macht.*

❖ Ziele individuell vereinbaren. Unerfahrene Mitglieder tun sich leichter mit exakt definierten Zielen, erfahrenen Mitgliedern genügen Aussprache, Ausrichtung und Rückendeckung. *Nicht nur der Markt, auch Führen fordert Flexibilität.*

❖ Ziele schriftlich festhalten. Dies schützt vor dauerndem Wechseln der Prioritäten (von oben) und dem Vergessen des eigentlich Wichtigen im Tagesgeschäft. *Wie soll ich wissen, was ich gedacht habe, bevor ich nicht gelesen habe, was ich geschrieben habe?*

❖ Ziele sind grundsätzlich zu vereinbaren. Dazu braucht es Mitarbeiter, die zielorientiert denken und handeln können. Wo dies (noch) nicht der Fall ist, ist dies Führungsaufgabe mit hoher Priorität. Nur äußerst krisenhafte Zeiten verlangen kurzfristiges Denken, rechtfertigen Zielvorgaben. Langfristig steht und fällt jede Organisation mit der Kompetenz, Verantwortung und Identifikation ihrer Mitglieder. *Identifikation durch Partizipation.* (In Teilen nach: Malik 2000, S. 177ff.)

Teil II
Führen mit Coaching

Kapitel 4
Eingrenzung des Begriffes Coaching

Coach in seiner ursprünglichen Bedeutung (= Kutsche) leitet sich aus dem Namen der ungarischen Stadt Kocs ab, in der traditionell Fuhrwerke und Kutschen gebaut wurden. Im übertragenen Sinne taucht der Begriff erstmals im 19. Jahrhundert auf, um die engagierte Tätigkeit eines Tutors für seine Studenten zu charakterisieren, diese durchs Examen zu »kutschieren«. Heute kennen wir den Begriff des Coaching aus dem Leistungssport. Von dort wurde er in den 80er-Jahren in die Managementliteratur importiert.

Im Sport wird der Begriff des Coachs teilweise gleichbedeutend mit dem des Trainers verwendet, teilweise aber auch mit unterschiedlichem Bedeutungshorizont. Während man mit den Aufgaben des Trainers eher den physischen Konditionsaufbau und das mechanische Einüben von Bewegungsabläufen verknüpft, wird der Coach auch als psychologischer Berater verstanden, der sich um die Motivation, die mentale Verfassung und gegebenenfalls um die Teambildung der Sportler kümmert.

Man kann sich darüber streiten, ob es der Einführung des Begriffes Coaching in die Personalentwicklung von Unternehmen bedurfte oder ob hier aus einem Modebegriff Kapital geschlagen werden sollte. In jedem Fall hat die Diskussion über das Coaching von Mitarbeitern drei Dinge deutlich ins Bewusstsein gerufen: Erstens, dass die Entwicklung von Mitarbeitern überlebenswichtig für ein Unternehmen ist, zweitens, dass Weiterentwicklung über das Vermitteln von Fachwissen und das quasi mechanische Einüben von Fertigkeiten hinausgehen muss und drittens, dass diese Personalentwicklung zunehmend individualisiert und für alle an diesem Lernprozess Beteiligten anspruchsvoller wird.

Die meisten Unternehmen haben den Stellenwert des Ausschöpfens von Lernpotenzialen für die Marktfähigkeit erkannt. Viele haben neben dem Instrument der schriftlichen Zielvereinbarung auch das Instrument der regelmäßigen Entwicklungsgespräche zwischen Vorgesetztem und Mitarbeiter verbindlich eingeführt. In diesen Gesprächen werden Stärken, Schwächen, Entwicklungspotenziale und -wünsche des Mitarbeiters festgehalten sowie Förderungsangebote vonseiten des Unternehmens vereinbart. Zu den Förderungsangeboten gehören Seminare und Trainings in Gruppen, die planmäßige Einarbeitung durch erfahrene Kollegen, die Jobrotation im Sinne der praktischen Erprobung und Erfahrung eines bisher fremden Arbeitsgebietes und andere Möglichkeiten mehr.

Viele Unternehmen haben in ihr Repertoire an Personalentwicklungsmaßnahmen nun auch das Einzelcoaching übernommen: Mitarbeiter erhalten bei entsprechendem Lernbedarf das Angebot eines individuellen, persönlichen Coachings. Was genau sie darunter verstehen, ist aber zum einen unterschiedlich, zum anderen sehr häufig unscharf. Insgesamt konzentrieren sich die bisherigen Formen der Personalentwicklung stark auf die instrumentelle Ebene des Erwerbs von Wissen, Methoden und Fertigkeiten. Wir vertreten die Ansicht, dass die Personalentwicklung in Zukunft mindestens genauso intensiv die ideelle Ebene der Zusammenarbeit in einer Organisation bearbeiten muss. Gerade bei den so gefragten Mitarbeitern mit guter Ausbildung, großem Know-how und intensiver Kenntnis des Unternehmens kommt es in Zukunft verstärkt auf Loyalität und Identifikation mit dem Unternehmen sowie auf unternehmerisches Denken an. Personalentwicklung muss sich mitverantwortlich dafür sehen, die Bindung dieser Mitarbeiter zu prüfen, zu fördern und sie zu befähigen, unternehmerisch zu handeln. Ein Ansatz dazu kann das Coaching sein.

Ebenso wie bei unserer Diskussion der Zielvereinbarung wollen wir hier keine Definition des Coachingbegriffes vornehmen und keine Rezepte liefern, wie man den Coaching-Gedanken in einem Unternehmen genau umzusetzen hat. Wir wollen den Zusammenhang zwischen Coaching und derzeitigen Führungsanforderungen verdeutlichen, den Coachinggedanken mit der Diskussion um unternehmerisches Denken und Mitunternehmerschaft (Entrepreneurship) verbinden. Wir möchten darüber hinaus Hilfestellungen geben, wie man Coachinggespräche zielführend aufbauen kann.

Kapitel 5
Mitarbeitentwicklung im Wandel

Dieses Kapitel gibt Antwort auf Fragen wie:

❖ Warum und in welchen Phasen wandelte sich Mitarbeiterführung in den letzten 100 Jahren?

❖ Was bedeutet Mitarbeiterentwicklung und -qualifizierung in den verschiedenen Phasen?

❖ Welche traditionellen Entwicklungskonzepte haben heute noch ihren Einsatzbereich?

❖ Worauf kommt es heute und in Zukunft in der Personalentwicklung an?

❖ Welche Funktionen hat Coaching im Zusammenhang mit den neuen Herausforderungen der Personalentwicklung?

Im ersten Teil des Buches haben wir bereits dargelegt, dass sich mit der Veränderung der Rahmenbedingungen der Arbeit auch neue Formen der Mitarbeiterführung herausgebildet haben. Der Lohnabhängige als Befehlsempfänger ist dem selbstständigen Mitarbeiter gewichen. Der Mitarbeiter als Stelleninhaber muss in Zukunft zunehmend durch das Bild vom *Mitglied* ersetzt werden als einem durch unternehmerisches Denken geprägten Teil der Organisation.

Mit dem Wandel der Vorstellungen über Personalführung haben sich natürlich auch die Konzepte der Personalentwicklung verändert. Im Folgenden wollen wir den in Kapitel 1 skizzierten Entwicklungsstufen der Mitarbeiterführung die jeweiligen Formen der Personalentwicklung zuordnen und nachvollziehen, welche Schwerpunkte diese heute setzen muss.

Führen durch Anweisung: Einüben

Noch Anfang des letzten Jahrhunderts war der Mitarbeiter eher ein Befehlsempfänger. Die Entwicklung von Mitarbeitern belief sich weitgehend darauf, sie in den Verhaltensweisen zu trainieren, die durch das Repertoire an Befehlen abgefordert wurden. Der Vorgesetzte hatte Verantwortung dafür, geeignete Übungsmöglichkeiten zu schaffen, die konkreten Abläufe einzuüben und für unmittelbares Feedback bzw. Kontrolle zu sorgen.

Eine Voraussetzung dafür war und ist, dass die Aufgabe des Mitarbeiters eine gleich bleibende Struktur aufweist. Sie muss ein klares Ziel mit eindeutiger Priorität besitzen und in Bezug auf dieses Ziel eine bekannte Abfolge einzelner Handlungsschritte haben. Nebenrangige Ziele und persönlichkeitsspezifische Bedürfnisse werden nicht berücksichtigt, Handlungsschritte, die vom bekannten Schema abweichen, sind nicht vorgesehen.

Noch Anfang des letzten Jahrhunderts bestand ein Großteil der Arbeit, die Mitarbeiter erledigten, aus einfach strukturierten, repetitiven Aufgaben, im wörtlichen oder übertragenen Sinne Fließbandaufgaben. Gefragt war die Führungskraft als Kontrolleur und Anweiser, die die genauen mechanischen Arbeitsschritte kannte und gegebenenfalls in der Lage war, sie vorzumachen. Die Führungsaufgabe war erfüllt, wenn die Mitarbeiter die Anweisungen unterscheiden konnten und die geforderten Verhaltensweisen zeigten.

So veraltet diese Form der Führung auch klingt, unter bestimmten Bedingungen hat das Training der Befehlsausführung auch heute noch seine Bedeutung. Man kennt es beispielsweise aus der Domäne des Militärs.

Umgangssprachlich kann man diese Form der Personalentwicklung auch als Drill bezeichnen. Drill ist immer noch angezeigt, wenn es zum Beispiel darum geht, in einer Gefahrensituation, die keine langen Diskussionen zulässt, schnell, effizient und gut koordiniert reagieren zu können. Als Beispiele ließen sich die Feuerwehr nennen oder ein Erste-Hilfe-Team oder auch die Rennwagenmechaniker in der Boxengasse. Hier müssen die Handgriffe automatisch, das heißt ohne langes Nachdenken ablaufen. Und es muss zugleich beherzt und ohne Vorbehalte eingegriffen werden.

Gerade dies ist heute nicht mehr selbstverständlich, denn: Drill und Befehlausführung sind per se keine angenehmen Formen des Lernens und Arbeitens. Sie sind in der Regel durch Anstrengung und Konzentration und durch Einschränkungen in der Handlungsfreiheit gekennzeichnet. Aufseiten des Mitarbeiters wird keine Rücksicht auf Vorlieben, Befindlichkeiten und Selbstentfaltungsbedürfnisse genommen – keine attraktive Perspektive für Mitarbeiter am Anfang des 21. Jahrhunderts.

Damit sich Menschen heute einem Drill unterziehen, müssen gewichtige Argumente dafür sprechen. Starke persönliche Motive können der Grund dafür sein, warum sich Menschen drillen lassen oder sich Anordnungen unterwerfen. Ausgeprägter Ehrgeiz im Sinne hoher Leistungsmotivation kann ebenso ausschlaggebend sein wie die Angst vor Strafe. Wenn allerdings die Druck- und Angstkomponente überwiegt, werden Menschen in aller Regel versuchen, Anordnungen zu unterlaufen. Sie werden versuchen, mit minimalem Aufwand »Dienst nach Vorschrift« zu tun.

Positiv wird das Leistungsmotiv gerade bei jungen Lernern genutzt, zum Beispiel in Leistungssportarten wie Eiskunstlaufen oder Turnen oder im künstlerischen Bereich beim Erlernen eines Instrumentes. Wir haben jedoch den Eindruck, dass die pure Leistungsmotivation um ihrer selbst willen im Laufe des Lebens einem Abnutzungseffekt unterliegen kann. Nach einer sportlichen Karriere, nach der entbehrungsreichen aber erfolgreichen Bewältigung beruflicher Projekte entdecken viele Menschen, dass sie nun sich selbst oder anderen nichts mehr beweisen müssen. Das Leistungsmotiv tritt in den Hintergrund, die Suche nach dem ideellen Wert der eigenen Arbeit setzt ein. Mitarbeiter engagieren sich dauerhaft in der Regel nur für solche Tätigkeiten, in denen sie einen weiter gehenden Sinn erkennen können.

Für das bisherige Führungsverhalten ergaben und ergeben sich daraus neue und anspruchsvollere Anforderungen. Beispielsweise hat die Bundeswehr deswegen zu Beginn der 70er-Jahre ihren Führungsstil verändert und stark die Mission der Verteidigung in den Vordergrund gestellt.

Es ist also heute notwendig, sogar oder vielleicht gerade bei oberflächlich einfachen Arbeitsabläufen immer wieder den Sinn und die Zielsetzung von Anforderungen zu kommunizieren, Sinnfragen von Mitarbeitern aufzugreifen, Widerspruch zuzulassen, ja ihn geradezu herauszufordern, um so die Voraussetzungen für die Leistungsbereitschaft herzustellen.

Mit vormaligen »Befehlsempfängern« Leitideen zu diskutieren, ihnen die Mission der Organisation zu verdeutlichen und sie für visionäre Ziele zu begeistern, verlagert den Schwerpunkt der Führung enorm. In Unternehmen ist zwar heute die Führung per Anweisung in den Hintergrund getreten. Dennoch gibt es zahlreiche alltägliche Beispiele dafür, dass Sinnstiftung auch bei trivialen Tätigkeiten unabdingbar ist, häufig aber zu kurz kommt. Viele Führungskräfte wissen zu berichten über die kaum zu bekämpfende Disziplinlosigkeit beim Erfüllen von Anweisungen: Vertriebsmitarbeiter schreiben keine Besuchsberichte, Monteure dokumentieren ihren Service nicht, Datenbanken werden nicht gepflegt, Sitzungen nicht vorbereitet, Termine nicht eingehalten etc.

Vielleicht wurde hier versäumt oder nicht vermocht, über die pure Anweisung und den Appell hinaus den Sinn dieser Pflichten zu vermitteln, den Preis der Disziplinlosigkeit zu beziffern und die Übernahme von Verantwortung einzufordern.

Führung durch Delegation: fachliche Schulung

Eine qualitativ höhere Stufe der Mitarbeiterführung war und ist die der Delegation von Aufgaben. Mitarbeitern wird die Zuständigkeit für gleichartige Arbeiten in einem definierten Sachbereich übertragen. Sie sind dann verantwortlich für eine korrekte Erledigung dieser Aufgaben. Wir treffen auf dieses Führungsverständnis heute noch im Rahmen der Führung von Mitarbeitern mit niedrigem Reifegrad, von Spezialistentätigkeiten und immer dann, wenn Routineaufgaben oder vorbereitende Teilaufgaben delegiert werden.

Mitarbeiter, an die Aufgaben übertragen werden, müssen auf andere Weise entwickelt werden als Befehlsempfänger. Hier geht es um mehr als nur das Einüben bestimmter Handlungsabläufe. Mitarbeiterentwicklung bedeutet hier, den Mitarbeiter mit Fachwissen und praktischen Fertigkeiten auszustatten, damit er wechselnde

Aufgaben in seinem Sachbereich selbstständig lösen kann. Ziel dieser Art der Entwicklung kann zum Beispiel die Fähigkeit zur Anwendung eines anspruchsvollen kaufmännischen Rechenmodells sein oder die Fertigkeit, eine komplizierte Maschine unter verschiedenen Bedingungen einzurichten.

Der Erwerb komplexer fachlicher Kompetenzen zum selbstständigen Durchführen von Aufgaben erfolgt häufig am Arbeitsplatz. Der Lernende bekommt entsprechende Aufgaben, erhält Erläuterungen über sachliche Zusammenhänge, wird in die Bearbeitungsschritte eingewiesen und bekommt Rückmeldung zur Durchführung. Aufgabe des Vorgesetzten ist es, folgenlose Übungsaufgaben oder solche mit kalkulierbarem Risiko bereitzustellen und die Durchführung so engmaschig zu überwachen, dass keine negativen Konsequenzen auftreten. Diese Art der fachlichen Weiterbildung kann natürlich ebenso ein erfahrener Kollege übernehmen.

Auch heute noch trägt die Führungskraft Verantwortung für die fachliche Entwicklung und das fachliche Niveau ihres Teams. Denn *State-of-the-art* zu arbeiten, zukunftsfähige Qualifikationen bereitzuhalten und der Konkurrenz nicht hinterherzulaufen, ist ein ernst zu nehmender Wettbewerbsvorteil für ein Unternehmen. Der fachliche Instruktor ist also nach wie vor aktuell, in neuen Fachgebieten ist seine Expertise ein gefragtes Gut. Obwohl zunächst fachliche Instruktion simpel erscheint, werden auch im Rahmen dieses Führungsverständnisses Fehler gemacht. Vorgesetzte übertragen neue Aufgaben, ohne sich die Zeit zu nehmen, die Durchführung zu begleiten, zu erläutern und zu überwachen. Beide Seiten, Mitarbeiter und Vorgesetzter, sind dann über schlechte Ergebnisse enttäuscht. Der »Wurf ins kalte Wasser« ist eben nicht für jeden Mitarbeiter die geeignete Entwicklungsmethode und bei Arbeiten mit weit reichenden Folgen darüber hinaus riskant.

Ebenso häufig wird versäumt, den Mitarbeitern geeignete Lernfelder am Arbeitsplatz einzuräumen. Die Führungskräfte scheuen mögliche Fehler, mitunter fühlen sie sich didaktisch zu wenig gerüstet, neue Herangehensweisen an eine Aufgabe zu vermitteln. Das eigene Erfahrungswissen in Worte zu fassen und sinnvoll in Lernschritte zu untergliedern ist mehr, als die Materie selbst zu beherrschen.

Als Allheilmittel der Personalentwicklung gilt auf dieser Stufe häufig der Besuch von Seminaren. Fachliche Defizite sollen ausgebügelt oder neue Wege der Bearbeitung von Aufgaben sollen off-the-job von geschultem Lehrpersonal vermittelt werden. Dann ist es die entscheidende Aufgabe des Vorgesetzen, den Seminartransfer zu begleiten, denn gerade im Praxistransfer liegt ein potenzieller Schwachpunkt von Seminaren.

Viele moderne Unternehmen fordern von ihren Führungskräften ein obligatorisches Mitarbeitergespräch vor und nach einer Seminarveranstaltung und stellen hierzu sogar einen formellen Leitfaden zur Verfügung. In diesen Gesprächen sollen die Lernziele des Seminarbesuches in Bezug auf die gegenwärtigen oder zukünftigen Arbeitsanforderungen des Mitarbeiters thematisiert und die Unterstützungsmaßnahmen vonseiten des Vorgesetzten festgelegt werden. Diese gute Idee wird erfahrungsgemäß kaum praktiziert. Vielfach werden Mitarbeiter auf Seminare geschickt, ohne dass der Vorgesetzte Ziele und Erwartungen mit ihnen bespricht.

Neben den genannten Schwächen in der Umsetzung des Delegationsprinzips verbleiben aber auch noch grundsätzliche Probleme, wenn ausschließlich nach dem Konzept der Führung durch Delegation geführt wird. Der Mitarbeiter bleibt dabei stets in der reaktiven Rolle dessen, der auf Aufgabenzuteilung und Information durch seinen Chef wartet, der nicht mehr weiter weiß, wenn sich Anforderungen ändern, der sogar die Entscheidung über seine eigene Weiterbildung nach außen abgibt.

Dies ist in einer Zeit ständigen Wandels nicht genug. Der Mitarbeiter muss zwingend mitdenken, muss aktiv Prozesse initiieren, muss auf Veränderungen schnell und richtig reagieren, muss Fremdkontrolle durch zunehmende Selbstkontrolle ersetzen. Dies gilt sowohl in Bezug auf sein Tagesgeschäft als auch in Bezug auf seinen eigenen Fortbildungsbedarf. Die Führungskraft ist immer mehr gefordert, eine solche Form der Entwicklung zu forcieren.

Zielvereinbarung: Coaching von Schlüsselqualifikationen

Die zeitgemäße Antwort auf die Beschränkungen, die sich aus der bloßen Führung durch Delegation von Aufgaben ergaben, ist das Konzept der Führung durch Zielvereinbarung, das Management by Objectives (MbO): Mit Mitarbeitern soll vereinbart werden, was als messbares Ergebnis ihrer Arbeit erwartet wird. Der Weg dahin wird ihnen im Idealfall selbst überlassen, d.h., es ist ihre Aufgabe, sich fachlich auf dem neuesten Stand zu halten und den besten, Ressourcen sparendsten Weg zu finden, ihn umzusetzen und dabei Hindernisse möglichst selbst zu beseitigen.

Im Rahmen des MbO verlagert sich die Entwicklung weg von der fachlichen hin zu einer Entwicklung der generalisierten Kompetenz, flexibel und erfolgreich zu agieren. Bedeutungsvoll ist dabei der Erwerb von Schlüsselqualifikationen, die benötigt werden, um in verschiedenen Kontexten zielorientiert und effizient zu handeln. Zu diesen Schlüsselqualifikationen gehört die ganze Bandbreite sozialer Kompetenzen und Selbststeuerungsfähigkeiten, also sowohl sachliches und methodisches als auch psychologisches Handwerkszeug. Sachliche oder methodische Ansatzpunkte einer solchen Mitarbeiterentwicklung sind beispielsweise:

* ❖ Defizite in der Wahrnehmung sachlicher Zusammenhänge,
* ❖ Mängel in der Einschätzung von Ressourcen,
* ❖ mangelnde Planung, mangelndes Projektmanagement,
* ❖ mangelnde Methodenkompetenz.

Eher psychologisch orientierte Problemstellungen könnten sein:

* ❖ Probleme bei der Umsetzung von Entscheidungen mit der nötigen Konzentration, Flexibilität, Ausdauer und Sorgfalt,
* ❖ fehlender Optimismus,
* ❖ mangelnde Vorstellungen darüber, wie man andere für eine Sache gewinnt.

Auf der Stufe der Führung durch Zielvereinbarung bedeutet Entwicklung, Mitarbeiter zu befähigen, ihre Ziele selbstständig schneller und besser zu erreichen. Sie müssen in die Lage versetzt werden, selbstständig Missstände und Chancen wahrzunehmen, ihre Fähigkeiten einzuschätzen und ihren Lernbedarf zu erkennen und Strategien zur Problemlösung zu entwickeln und umzusetzen. Das Motto dieser »Hilfe zur Selbsthilfe« ist: *Weg vom Sagen*, instruieren und anweisen, *hin zum* prozessorientierten zielgerichteten *Fragen*. Auf dieser Stufe ist die Mitarbeiterentwicklung eine sehr individuelle und daher anspruchsvolle Tätigkeit. Deswegen möchten wir hier erstmals den Begriff »Coaching« verwenden.

Es bedarf eines hohen Maßes an diagnostischen Fähigkeiten und an gezielten Gesprächstechniken, um die individuellen Probleme und Erfolgsbarrieren herauszuarbeiten und bei der Entwicklung von individuellen Lösungen zu helfen. Dazu ist Zeit, Geduld, Engagement und persönliche Zuwendung erforderlich. Eine Entwicklungsbegleitung dieser Art kann nur von einem geschulten und entsprechend motivierten Coach betrieben werden. Es gibt allerdings in der Regel keine klare Vorstellung davon, wie der Coach entsprechende Lernprozesse anstoßen kann.

Ein Coach benötigt implizites oder explizites Wissen über die Faktoren erfolgreichen Handelns, sozusagen eine Erfolgspsychologie. Diese Voraussetzung fehlt naturgemäß bei vielen Vorgesetzten. Zahlreiche Unternehmen veranstalten deswegen Seminare zum Thema Coaching, ob sie dabei allerdings wissen, welche psychologischen Modelle einem solchen Seminar überhaupt zugrunde gelegt werden, ist fraglich. In jedem Fall ist der Anspruch an die Führungskraft hoch und die praktische Umsetzung des Mitarbeitercoachings durch den Vorgesetzten noch in den Kinderschuhen.

Die Regel ist immer noch: Mitarbeiter, bei denen man ein Defizit im Bereich professioneller Kompetenz vermutet, auf entsprechende Trainings zu schicken. Dies ist aber nur dann sinnvoll, wenn in einem vorausgeführten Coachinggespräch tatsächlich ein solch umgrenzter Mangel herausgearbeitet werden konnte und dieser durch ein Seminar als einem Lernbaustein kompensiert werden kann. So etwas kann zum Beispiel für die Entwicklung von Präsentations- oder Verhandlungsfähigkeiten gelten.

Normalerweise ist mit einem Seminar nur selten die Stufe an Professionalität erreicht, die wünschenswert ist. Hier kann in keinem Fall die nötige Routine gewonnen und in der Regel auch kein »Feinschliff« vorgenommen werden. Sinnvollerweise sollte also der Besuch eines Seminares mit einem anschließenden Coaching-on-the-Job verknüpft werden.

Ist der Vorgesetzte bei der fachlichen Weiterbildung eher ein Lehrer, so ist er beim Coaching professionellen Arbeitens eher ein psychologischer Berater. Diese Begleitung sollte überwiegend im Zweierteam stattfinden. Dabei kann der Coach ein Vorgesetzter mit entsprechender Eignung sein, wobei viele Unternehmen besonders für leitende Mitarbeiter häufig auch einen externen Coach finanzieren.

In Nonprofit-Organisationen ist seit langem unter dem Begriff der Supervision das persönliche Coaching in Gruppen etabliert, bei dem die Lernenden an schwierigen Praxisfällen beispielhaft Problemlösungen entwickeln. Diese Art der Praxisberatung hat auch Eingang in die Wirtschaft gefunden, häufig mit dem Ziel, dass die Gruppenmitglieder durch die Beobachtung und Erfahrung mit dem Coaching selbst Coachingfähigkeiten entwickeln und sich aus der Gruppe eine kollegiale Beratungsgruppe ohne offiziellen Coach entwickelt.

Das Coaching zur Steigerung der professionellen Kompetenz ist aus der Personalentwicklung heute nicht mehr wegzudenken. Dabei schließt die Professionalität auch ein, sich ständig weiterzuentwickeln und sich nicht mit dem Stand von heute zufrieden zu geben. *Kontinuierliche Verbesserung*, was bedeuten kann, schlanker, schneller, billiger, freundlicher, fehlerfrei im ersten Anlauf zu arbeiten, ist heute in vielen Branchen zu einem Gebot für alle Mitarbeiter geworden. Zahlreiche Projekte wurden und werden mit Unterstützung der obersten Leitungsebenen aufgesetzt, um Mitarbeiter für diese Herausforderung zu gewinnen.

Dennoch wird auch das MbO den heutigen Führungsherausforderungen nur noch bedingt gerecht. Wie wir bereits im ersten Kapitel dargelegt haben, hatte die Philosophie des Management by Objectives zunächst suggeriert, dass präzise Zielvereinbarung an sich schon den Erfolg garantiert. Erfahrungsgemäß gilt dies jedoch allenfalls für Tätigkeiten, deren Aufgabenstruktur relativ leicht zu umreißen ist und für die der Endzustand zeitlich stabil und tatsächlich eindeutig messbar ist.

Bei hochkomplexen, neuen, relativ unstrukturierten Aufgaben stößt man mit diesem Konzept jedoch an seine Grenzen. Hier müssten die Mitarbeiter über ein weiter gehendes Verständnis unternehmerischer Zusammenhänge verfügen, damit sie zum Beispiel kurzfristig operative Ziele verändern können, um auf längere Sicht dem eigentlichen Zweck der Organisation zu dienen. Die bloße Bereitstellung messbarer relativ kurzfristiger Ziele ermöglicht häufig keine strategischen Um-Entscheidungen, die aufgrund veränderter Bedingungen von Fall zu Fall durchaus sinnvoll wären.

Auch eine zweite Schwäche des MbO ist heute unübersehbar: Wenn ein Unternehmen Management durch Zielvereinbarung proklamiert, wird damit in den meisten Fällen ein Top-down-Prozess des Herunterbrechens von Zielen der Geschäftsleitung über Bereiche und Abteilungen auf die Mitarbeiterebene umschrieben – auch als Policy Deployment (etwa: Zielentfaltung) bezeichnet.

Ein Bottom-up-Prozess, in dem auch die Mitarbeiter auf Ziele Einfluss nehmen können, ist in aller Regel nicht vorgesehen. Dieser Mangel an Beteiligung weckt natürlich wenig Motivation. Darüber hinaus werden Mitarbeiter damit auch nicht befähigt in übergeordneten Zusammenhängen zu denken und ihr Handeln daran zu orientieren. Die Spielräume für eine echte Zielvereinbarung – im Gegensatz zur Zielvorgabe – sind häufig auf operative und technische Details beschränkt.

Sinnhaftigkeit wird in der Regel im klassischen Zielvereinbarungsverfahren nur insoweit hergestellt, als die vom Mitarbeiter zu übernehmenden Ziele sozusagen als mathematisch gerecht definierter Anteil am Gesamtziel »verkauft« werden.

Auf diese Weise praktiziert kann MbO die Identifikation der Mitarbeiter mit den Zielen und eine Ausrichtung an der Leitidee – als Richtschnur für Entscheidungen vor Ort – nicht oder nur sehr bedingt leisten. Zu kurz gedacht ist dementsprechend die Annahme, dass mit der Professionalisierung die Entwicklungsarbeit heute erschöpft und erledigt sei, nutzen die Profis dem Unternehmen doch nur, wenn sie ihre Fähigkeiten auch zum Gedeihen des Unternehmens einzusetzen bereit sind.

Um ihr professionelles Können und ihr Wissen einzusetzen und zu teilen, müssen sich Mitarbeiter sowohl mit dem Zweck des Unternehmen identifizieren, es muss »Sinn machen«, als auch die Möglichkeit besitzen, ihre tägliche Arbeit, ihre Entscheidungen an einer den Handlungszielen »übergeordneten« Messlatte zu prüfen.

Hieraus ergibt sich für die Aufgabe der Führungskraft ein höherer Anspruch im Zusammenhang mit dem Coaching als bisher diskutiert. War bis dato die Form des individuellen Coaching lediglich auf eine Steigerung der Professionalität ausgerichtet, so muss jetzt zusätzlich auch die Bereitschaft zur unternehmerischen Mitverantwortung gefördert werden.

Coaching vom Mitarbeiter zum Mitunternehmer

In vielen Unternehmen reift folglich mittlerweile die Erkenntnis, dass das logische Modell des MbO nicht mehr ausreicht, um Mitarbeiter erfolgreich zu machen. Hier kurz nochmal die zwei wesentlichen Gründe dafür:

❖ Erstens lässt sich die Realität in dem geschlossenen System des klassischen Management-by-Objectives zunehmend weniger abbilden. Der Wandel ist die Norm geworden, die Ziele in einem sich verändernden, schwer kalkulierbaren Geschäftsumfeld werden unscharf. Der Mitarbeiter muss vor Ort flexibel neue Ziele setzen, Prioritäten und Gewichtungen der verschiedenen Zielgrößen aussteuern, ausgewogene Entscheidungen treffen oder gänzlich neue Richtungen einschlagen können. Dazu benötigt er Entscheidungskompetenzen, Risikobereitschaft und unternehmerischen Überblick. Das ist mehr als das professionelle Handling des eigenen Fachgebietes. Er muss über den Tellerrand des eigenen Aufgabenbereiches hinauszuschauen bereit sein. Er muss zugunsten der gemeinsamen Unternehmensidee auf kurzfristige persönliche Erfolge verzichten können.

Die Bedingungen des Marktes und der Unternehmensstrukturen verlangen zunehmend Menschen, deren Kernkompetenz unternehmerisches Denken und Handeln ist. Eine mühsam ausgehandelte individuelle Zielvereinbarung reicht dazu nicht aus.

❖ Den zweiten Grund, warum das reine MbO in Zukunft so nicht mehr überzeugen kann, sehen wir in der großen Schwäche des Policy Deployment. Es ist dies der bleibende Widerspruch, der zwischen den Interessen des Unternehmens und denen des Mitarbeiters geschaffen wird. Dieser wird spätestens dann offenkundig, wenn sich die Zielerreichung auf das Gehalt oder immaterielle Belohnungen auswirkt. Dann wird Zielvereinbarung zur Feilscherei. Mit diesem Widerspruch lassen sich Mitarbeiter heute nur noch sehr schwer führen.

Ambitionierte Mitarbeiter sind bereit, Verantwortung zu übernehmen, wollen dafür aber auch unternehmerische Mitgestaltungsmöglichkeiten und Partizipation am Erfolg. Die Entwicklung von Mitarbeitern zu Mitunternehmern ist eine neue Qualität. Nicht Unterweisung, nicht der Erwerb von Problemlösungskompetenz ist hier das Ziel, sondern die Klärung, ob der Mitarbeiter seine persönlichen Ziele und Werte in die gemeinsame Unternehmung einbringen kann und Herz und Verstand für den gemeinsamen Auftrag einsetzen will.

Coaching heißt dann, einen klärenden Dialog darüber führen, inwieweit sich der Mitarbeiter mit dem Auftrag und den Werten des Unternehmens identifizieren kann, welche Erwartungen er seinerseits an die Organisation hat, an welcher Stelle er sich mit seinen Fähigkeiten und Potenzialen einbringen und wie er die Formulierung und Umsetzung der gemeinsamen strategischen Ziele und Visionen mitgestalten kann.

Wie wir schon im ersten Teil des Buches dargelegt haben, hieße dies, dass alle Beteiligten aus dem Spannungsfeld zwischen persönlichen Motiven und Firmenzielen konstruktive Energien ziehen können. Viele Unternehmen haben den Bedarf erkannt und reagieren darauf. Es gibt bereits viele Seminare und Workshops unter dem Stichwort des *entrepreneurship* (Unternehmertum).

Die Auseinandersetzung um die Mitunternehmerschaft beinhaltet bei Profit-Organisationen konsequenterweise auch die Frage, ob und wie der Mitarbeiter am Gewinn oder Verlust des Unternehmens beteiligt wird. Denn man kann nicht erwarten, dass Mitarbeiter der mittleren und unteren Managementebenen sich aus purem Idealisimus in die Organisation einbringen, während das obere Management auch pekuniär von seinem Einsatz profitiert. Hier muss die Organisation in ihren Werten konsequent und durchgängig sein, sonst ist sie nicht glaubwürdig. Einige Unternehmen schlagen bereits den konsequenten Weg der Erfolgsbeteiligung aller Mitarbeiter ein.

Eine Führungskraft, die Mitarbeiterentwicklung ernst nimmt und sich als Coach versteht, forciert den Dialog zwischen Organisation und Mitarbeiter über mögliche Formen und Konsequenzen des Mitunternehmertums. Es ist Aufgabe des Vorgesetzten, diese Klärung spätestens dann anzustoßen, wenn er feststellt, dass ein Mitarbeiter sich nicht oder nicht mehr so stark mit seiner Arbeit identifiziert und sich nicht so intensiv einbringt, wie es für seine Aufgaben nötig wäre. Ein konstruktives Gespräch zwischen Mitarbeiter und Führungskraft kann aber nur dann entstehen, wenn beide fähig sind zu einer partnerschaftlichen Auseinandersetzung. Dieser Dialog muss gleichberechtigt sein, das Engagement ist nicht erzwingbar. Für viele Vorgesetzte ist dies oft eine bedrohliche Aussicht, müssen sie sich doch auf dem diffusen Pfad des Überzeugens bewegen.

Wenn der Mitarbeiter befürchtet, dass der Vorgesetzte seine persönlichen Motive und Ziele auf verdeckte Weise durchzusetzen sucht, kann das Coaching nicht gelingen. Ein externer Coach ist dann unbedingt geeigneter.

Nicht immer werden Mitarbeiter tatsächlich unternehmerische Verantwortung übernehmen wollen. Wir halten den Dialog darüber auf jeden Fall für fruchtbar und sehen darin eine Chance.

Diese vier beschriebenen Formen der Mitarbeiterentwicklung schließen sich nicht gegenseitig aus. Überschneidungen und Ergänzungen treten in der Praxis häufig auf. Wir halten es aber für wichtig, sich den Schwerpunkt einer Entwickungsmaßnahme bewusst zu machen und die Methode dementsprechend auszuwählen.

Moderne Führung und Coaching

Wir haben bereits in Teil I, Kapitel 1 dargelegt, welchen Herausforderungen sich eine moderne Führungskraft im Zusammenhang mit den tief greifenden Veränderungen der strukturellen Bedingungen von Organisationen im 21. Jahrhundert zu stellen hat.

Diese Umwälzungen lassen sich grob durch drei Dimensionen kennzeichnen:

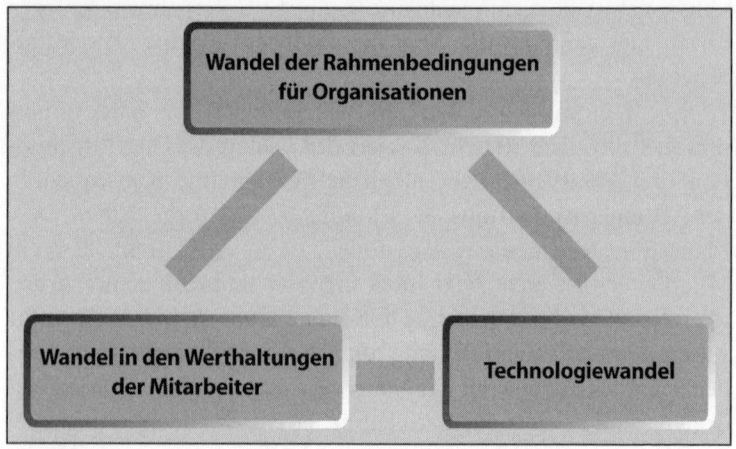

Der Wandel auf der Ebene von Organisationen ist verknüpft mit Begriffen wie Globalisierung und Fusionen im Gefolge von sich verändernden und immer stärker liberalisierten Märkten. Organisationen sind hochkomplex und dynamisch geworden. Es gilt, diese Gebilde so schlank und profitabel wie möglich zu steuern.

Treiber dieser Entwicklung ist in großem Maße der enorme Technologiewandel in den letzten Jahrzehnten, der sich in Schlagworten wie »von der Industriegesellschaft zur Wissensgesellschaft« und »die Schnellen fressen die Langsamen« ausdrückt. Kurze Produktlebenszyklen, schnelle Reaktionszeiten, globaler Konkurrenzdruck, die dynamische Weiterentwicklung der Informationstechnologie und somit der Zwang zur ständigen Innovation machen auch neue Formen der Zusammenarbeit wie die Arbeit in Projekten mit temporären, virtuellen und interkulturellen Teams möglich und nötig.

Bewegliche Ziele (»Moving targets«) treten an die Stelle von stabilen Zielen. Vertrauen muss Überwachung und Zugriff ersetzen. Dynamische Konstellationen treten an die Stelle beständiger, fester Organisationsgefüge, Prozesse überholen Strukturen.

Auf der Seite der Mitarbeiter begegnen wir zumindest in unserem Kulturkreis einem Wertewandel, der gekennzeichnet ist von der Suche nach Sinn, dem Streben nach Selbststeuerung, nach persönlichem Wachstum und Freude an der Arbeit.

Immer häufiger jedoch erleben Mitarbeiter ihre Organisation als weltweit agierendes, anonymes System, dessen Versuche, Veränderungen zu managen, sie als undurchschaubar und willkürlich empfinden. Scheinbar keinen Einfluss auf Struktur, Ziel- und Entscheidungsfindung zu haben widerspricht den Bedürfnissen selbstständiger, hoch qualifizierter Mitarbeiter und veranlasst sie, ihre Identifikation mit dem Unternehmen und ihren Leistungswillen zur Disposition zu stellen. Sie verknappen ihre Bereitschaft, der Organisation ihr Wissen selbstlos zur Verfügung zu stellen und ihre Lebensenergie in den Dienst einer unkalkulierbaren Sache zu stellen.

Gerade unter den Bedingungen permanenten Wandels ist eine Organisation aber darauf angewiesen, dass Mitarbeiter hohe Leistungsbereitschaft zeigen, ihr Wissen teilen und sich in guten wie in schwierigen Phasen in den Dienst der Unternehmung stellen. Sie braucht Mitarbeiter, die Zutrauen zu ihrem Management haben und die Veränderungsprozesse verstehen, die den Wandel geradezu als Herausforderung begreifen, ja sogar lieben lernen.

Der Qualität der Mitarbeiter, und damit sind sowohl deren fachliche Fähigkeiten, deren psychologische Kompetenzen als auch deren Einstellungen gemeint, kommt unter den heutigen Bedingungen im Sinne der Wertschöpfung und Innovation fundamentale Bedeutung zu.

Was heißt dies aber für das Selbstverständnis und das Aufgabenfeld der Führungskraft? Auch sie muss sich ständig neuen Zielen stellen, Abläufe immer wieder infrage stellen und verbessern sowie Teammitglieder an verschiedenen Orten steuern. Die Führungskraft ist also nicht mehr ein »Wissender«, der die richtigen Ziele kennt, vermittelt, portioniert und die besten Wege weiß, sondern Moderator, der Prozesse anregt und steuert. Nicht zuletzt muss die Führungskraft bereit sein, im Zuge der Veränderungen von Organisationen selbst flexibel neue Funktionen zu übernehmen.

Gängige Führungskonzepte stoßen hier an ihre Grenzen. Ihre restriktiven und statischen Voraussetzungen liefern Verhaltensmodelle, die den heutigen Anforderungen nur in Teilbereichen gerecht werden. Selbst Management by Objectives geht von Voraussetzungen aus, die die skizzierten Bedingungen immer weniger abbilden. Es impliziert den Zahlen verwaltenden Manager, nicht aber die des Sinnstifters.

Es geht in dieser Situation jedoch nicht mehr allein um die manageriellen Fragen des »wie« und »bis wann«, sondern unserer Ansicht nach vor allem um die Frage nach dem Sinn, dem »wozu«. Die Führungskraft ist nicht mehr Buchhalter, sondern Wanderprediger. Die Mitarbeiter sind nicht mehr Stelleninhaber, sondern Pioniere. Die größte Herausforderung für eine Führungskraft liegt daher in Zukunft darin, die vorbehaltlose Leistungsbereitschaft der Mitarbeiter und deren Professionalität als einzig einigermaßen stabile Größe zu gewährleisten.

Unter welchen Bedingungen würden aber Mitarbeiter ihr Engagement, ihr Commiment nicht per se verknappen? Wie muss eine Organisation ihren Mitgliedern heute gegenübertreten, um der berechnenden Vorenthaltung von Leistung entgegenzuwirken?

Wie wir bereits ausgeführt haben, ist es unter den skizzierten Voraussetzungen notwendig, dass Mitarbeiter ermuntert, ermutigt und befähigt werden, einen Wandel in ihrem Selbstverständnis zu vollziehen, der sie vom entlohnten Mitarbeiter zum teilhabenden Mitglied einer Organisation werden lässt. Darüber hinaus ist sicherzustellen, dass sich der Mitarbeiter als Mitglied höchst professionell verhält, das heißt, dass er das von ihm als »richtig« erkannte auch tatsächlich »richtig« umsetzt.

Als Methode der Wahl bietet sich hierzu das Instrument des Coachings geradezu an.

Kapitel 6
Zwei Arten des Coachings

Dieses Kapitel gibt Antwort auf Fragen wie:

❖ Welche verschiedenen Schwerpunkte gibt es im Coaching?
❖ Was hat Coaching mit Mitunternehmerschaft zu tun?
❖ Was hat Coaching mit Professionalisierung zu tun?
❖ Worin unterscheidet sich Coaching von anderen Formen der beruflichen Entwicklungsbegleitung?

Wie bereits diskutiert, erfordern die dynamischen Veränderungen, dass zukünftig Mitarbeiter zu zwei wesentlichen Schritten veranlasst werden. Der erste besteht darin, sich vom *Mitarbeiter zum Mitglied* zu verändern, der zweite bedeutet, im Sinne eines Noch-besser-Prozesses ständig seine *Professionalität* zu erhöhen.

Nachdem sich diese beiden Schritte selbstverständlich nicht einfach verordnen lassen, bedarf es einer intensiven Auseinandersetzung mit jedem einzelnen Mitarbeiter in einem Klima von Freiwilligkeit und Partnerschaft.

Coaching erscheint dazu die geeignetste Methode. Natürlich bedeutet diese Personalentwicklungsmaßnahme aufseiten der Organisation eine hohe Investition an Zeit und Energie, signalisiert aber auf der anderen Seite dem Mitarbeiter auch seine Bedeutung und Wertschätzung. Schon das ist ein erster Schritt, um Wertpositionen zu verdeutlichen; sehr wahrscheinlich zahlt sich diese Vorleistung dann in erhöhtem Engagement des Mitarbeiters aus.

Unter dem Begriff Coaching subsummieren wir die Maßnahmen, die den beiden oben genannten Inhalten Rechnung tragen. Diese bewegen sich – im Gegensatz zu früher üblichen Entwicklungsmaßnahmen – auf einer Metaebene der Leistungserbringung, sollen demnach dem Mitarbeiter zu generalisierbaren Lösungsmustern und Einstellungen verhelfen. Die Entwicklung von fachlichen Fähigkeiten und Fertigkeiten ist zwar weiterhin von Bedeutung, vor allem bei Mitarbeitern mit niedrigem Reifegrad, erfordert aber unserer Ansicht nach nicht eine so differenzierte Betrachtung und Auseinandersetzung, als dass sie von der vorhandenen Literatur nicht abgedeckt wäre.

Unseren beiden eingangs aufgestellten Forderungen entsprechend sehen wir also zwei Arten des Coachings als zentralen Bestandteil moderner Führung.

Coaching zur Mitgliedschaft

Hauptthema ist hier, eine Verknüpfung herzustellen zwischen Organisationszweck, Sachzielen und Vorstellungen des Mitarbeiters. Kommunikation mit dem Mitarbeiter über Unternehmensvision und -strategie, seine Einbindung bei der Entwicklung integrierter Ziele im Sinne der Leitidee des Unternehmens sollen sicherstellen, dass das immer wieder postulierte »unternehmerische Denken« Kontur bekommt und sich im Verhalten der Mitarbeiter niederschlägt.

Erst wenn ein Mitarbeiter sich den Zweck und Auftrag der Organisation zu Eigen gemacht hat, zeigt er hohes Engagement und ist in der Lage, innerhalb eines Zielkorridors flexibel zu arbeiten, situationsgerechte Entscheidungen zu treffen, sozusagen als Unternehmer im Unternehmen zu fungieren. Die Identifikation mit der Leitidee des Unternehmens muss ein Stück personale durch eine symbolische (ideelle) Form der Führung ersetzen.

Die zentrale Aufgabe eines Coachs im umfassenden Sinne ist, mit seinen Mitarbeitern einen Dialog über Politik, Strategie und Richtung des Unternehmens zu beginnen und dadurch deren Motivation sowie deren Qualität zu erhöhen. Nur so ist ein Mitarbeiter willens und in der Lage, bei seinen Entscheidungen vor Ort die Werteangebote (»Value propositions«) für verschiedene Stake-holder des Unternehmens, von denen er selbst nur einer ist, zu berücksichtigen.

Mehr noch als auf der Ebene des Coachens zur Steigerung der professionellen Kompetenz haben diese Fragen Berührungspunkte mit privaten Themen.

Das Gespräch zur Klärung des persönlichen Engagements wird von vielen Vorgesetzten noch gescheut. Innere Kündigungen, Unausgefülltheit und Fehlbesetzungen werden häufig zu spät angesprochen. Stattdessen suchen Vorgesetzte nach Rezepten und Tricks, wie sie diese Mitarbeiter motivieren könnten. Das bekunden die zahlreichen Fragen in Führungsseminaren zu den Motivationsmöglichkeiten des Vorgesetzten. Nicht erst seit den Ausführungen von Sprenger müsste Vorgesetzten jedoch klar sein, dass man Mitarbeiter nicht durch extrinsische Anreize dazu ködern kann, ihr volles Engagement, ihr kreatives Potenzial und ihre Risikobereitschaft in ihre Arbeit einzubringen (vgl. Sprenger 1991).

Dazu ist Sinnstiftung nötig. Dies genau ist eine der Zielsetzungen dieser ersten von uns geforderten Form des Coachings.

Coaching zur Professionalisierung

Das Coaching von professioneller Kompetenz hat dagegen die Herausforderungen der beruflichen Aufgaben des Coachees (wie wir den gecoachten Mitarbeiter im Folgenden nennen) zum Thema. Ausgangspunkt des gemeinsamen Commitments für einen Coaching-Prozess ist die Auseinandersetzung mit Möglichkeiten zur besseren Erreichung von vereinbarten oder zukünftig zu vereinbarenden Arbeitszielen.

Häufige Anlässe zum Coaching auf dieser Ebene sind demzufolge einerseits Beobachtungen des Vorgesetzten zum Verhalten des Mitarbeiters, andererseits Herausforderungen, die sich aus dem Vergleich mit der Konkurrenz (Benchmarking) ergeben sowie bereits jetzt absehbare zukünftige Anforderungen.

Dabei zielt dieses Coaching nicht in erster Linie auf die akute Lösung von arbeitsbezogenen Problemen unter Einsatz des Coachs ab, sondern auf einen längerfristigen Aufbau professioneller Kompetenzen zur Lösung zukünftiger, ähnlich gelagerter Problemstellungen. Ziel eines solchen Coachings könnte beispielsweise sein, einen Mitarbeiter zu einer erfolgreichen Planung und Priorisierung seiner Arbeiten zu befähigen, ohne dass der Vorgesetzte dabei zur »Krücke« wird und selbst die Probleme löst.

Wann investiert ein Unternehmen in ein persönliches Coaching zur Steigerung der professionellen Kompetenz eines Mitarbeiters? Es tut dies bei einem fähigen Mitarbeiter mit umgrenzten Schwächen in der Wahrnehmung und Umsetzung seiner gegenwärtigen oder zukünftig zugedachten beruflichen Rolle. Typischerweise sind dies Schwächen oder Unerfahrenheiten in bestimmten Kommunikationskontexten oder in der Planung der Arbeit.

Durch das individuelle Coaching möchte man sicherer und nachhaltiger Erfolge erzielen, als dies in einem entsprechenden Seminar der Fall sein kann, bei dem ein großer Teil des Lernens allgemein bildener und Kultur stiftender Natur ist.

Häufig möchte man durch das Coaching auch gezielter und sicherer das Lernpotenzial des ausgewählten Mitarbeiters ausloten; das Coaching ist also nicht selten auch eine Bewährungssituation für den Mitarbeiter.

Abgrenzung zu Mentoring und Beratung

Da sowohl der Begriff des Mentoring als auch der der Beratung in der Coaching-Literatur in der einen oder anderen Bedeutung immer wieder auftaucht, möchten wir unser Konzept des Coachings gegenüber den anderen beiden genannten Begriffen abgrenzen.

Das Mentoring ist wie das Coaching eine Form der Begleitung einer Person durch eine andere auf einem bestimmten Abschnitt des beruflichen Weges. Es definiert sich im Wesentlichen jedoch aus den Merkmalen der Person des Mentors. Ihm wird zugeschrieben, eine ältere, erfahrene Führungskraft mit guten Beziehungen im Unternehmen zu sein, die ihrem Schützling Wege ebnen und Türen öffnen kann (zum Beispiel Thomas 1998). Die Art der Gesprächsführung bleibt dabei eine offene Größe.

Der Coachingprozess ist hingegen gerade stark durch die Art der Gesprächsführung charakterisiert. Der Coach muss nicht unbedingt eine ältere Führungskraft mit gutem Netzwerk sein. Ihn zeichnen vor allem ein konzeptuelles Handwerkszeug und entsprechende Gesprächsfähigkeiten aus, die geeignet sind, die Selbstständigkeit, Klarheit und Handlungseffizienz des Coachees zu erhöhen.

Ein zweiter Unterscheidungsaspekt ist die unterschiedliche Zielsetzung von Coaching und Mentoring. Während Mentoring eine richtige Positionierung des Mitarbeiters zum Ziel hat, steht beim Coaching stärker der Aspekt des Lernens von Neuem im Vordergrund.

Drittens ist Coaching im Gegensatz zum Mentoring stark unter dem Effektivitätsgedanken zu sehen. Es ist ein Prozess mit dem Ziel, dem Zweck einer Organisation besser zu dienen, also deren Output sowohl direkt (durch Verbesserung der Kompetenz des Coachees) als auch indirekt (durch Bindung der Mitarbeiter an die Organisation) zu erhöhen.

Eine weitere Abgrenzung erscheint uns zu einem zweiten Begriff aus dem Umfeld des Coachings nötig, nämlich dem der Beratung. Bei Looss (1997) wird der Begriff der Einzelberatung synonym zu dem des Coachings verwendet. Wir möchten Coaching als eigenständigen Begriff erhalten, da mit dem Vorgang der Beratung doch sehr häufig das Angebot von Fachwissen, von Erfahrungen, Problemlösungen und eben »Rat«-schlägen verbunden ist. Dieses Verständnis von Beratung widerspricht jedoch dem Gedanken der »Hilfe zur Selbsthilfe«, der dem Coaching zugrunde liegt.

Kapitel 7
Zwei Voraussetzungen für zielgerichtetes Coaching

Dieses Kapitel gibt Antworten auf Fragen wie

❖ Ist Coaching eine psychologische Plauderstunde?
❖ Woran muss sich Coaching messen lassen?
❖ Woran krankt häufig die Umsetzung des Coachings?
❖ Was braucht eine Führungskraft, um ein Coaching-Thema abarbeiten zu können?

Bevor wir nun eingehender auf die beiden vorgestellten Coaching-Konzepte eingehen, möchten wir auf zwei wesentliche Voraussetzungen für ein zielgerichtetes Coaching aufmerksam machen.

Ergebnisorientierung im Coaching

Ein Gedanke, der mitunter aus den Augen verloren wird, ist der, ein Mitarbeitercoaching unter dem Gesichtspunkt der Effektivität und Zieldienlichkeit für das Unternehmen zu betrachten. Das Unternehmen und auch die Führungskraft investieren in einen Coachingprozess in der Regel ja nicht mit der Vorstellung, dem Mitarbeiter angenehme Gespräche, Zuwendung oder den Kick der Selbsterfahrung zu verschaffen. Sie wollen ein Coaching auch nicht zu einer Dauereinrichtung der Begleitung des Mitarbeiters bei seinen Problemlösungen machen. Trotzdem wird mitunter eher die Vorstellung nahe gelegt, das Coaching sei eine non-direktive Veranstaltung, in der der sonst zum Pokerface gezwungene Mitarbeiter endlich einmal seine Gefühle zeigen und gemeinsam mit dem Coach laienhaft herumpsychologisieren soll. Das wäre dann allerdings eine durch und durch unprofessionelle Veranstaltung, bei der zurecht Interessen- und Rollenkonflikte der Beteiligten zu erwarten sind und deren Zieldienlichkeit für das Unternehmen infrage gestellt werden darf.

Das Unternehmen ist zumindest Mitauftraggeber des Coachings durch die Führungskraft. Insofern darf und muss man ein Coaching sehr nüchtern auch unter dem Gesichtspunkt der Effizienz für die Erreichung der Führungsziele betrachten. Dieser Anspruch wird von anderen Autoren prinzipiell auch vertreten (zum Beispiel: Thomas 1998). Was allerdings in der Regel fehlt, ist eine Handlungsanleitung, wie der Coach zielorientiert und effizient, also kurz und wirkungsvoll, Coachinggespräche durchführen kann.

Die Notwendigkeit eines Handlungsmodells

In der Auseinandersetzung mit dem Thema Coaching ist bereits viel über das Setting und über die persönlichen Einstellungen des Coachs geschrieben worden. Vielfach wurde auch über kommunikative Grundfertigkeiten des Coachs philosophiert. Natürlich ist es wichtig, über all diese Voraussetzungen und über geforderte »Social skills« zu diskutieren, gleichwohl halten wir dies nicht für die Hauptursache einer Vielzahl gescheiterter Coachingversuche.

Sehr vage wird die Coachingliteratur immer dann, und daher rühren möglicherweise auch die meisten Schwierigkeiten, wenn es um die Gesprächsinhalte, die Strukturierung der Gespräche und das methodische Handwerkszeug geht, das ein Coach mitbringen muss. Fragt man »hauptamtliche« selbstständige Coachs nach ihrem Konzept, so sind die Antworten sehr verschieden und bewegen sich eher auf der psychotherapeutischen Ebene. Sie reichen von verhaltenstherapeutischen Ansätzen über die nicht-direktive klientenzentrierte Gesprächsführung bis hin zu systemischen Modellen und Anleihen aus dem Neurolinguistischen Programmieren (NLP). Dieser Eklektizismus muss kein Mangel sein, doch es bleibt die Frage: Was macht eine Führungskraft als Coach, die kein Psychologie-Studium und keine therapeutischen Zusatzausbildungen genossen hat und nicht antreten will, die Mitarbeiter zu therapieren?

Die Kunst des Coachings besteht darin, mit dem Coachee gemeinsam den Kern der persönlichen Herausforderung *als Mitglied einer Organisation* oder hinsichtlich seiner *professionellen Kompetenz* in möglichst kurzer Zeit auf den Punkt zu bringen, ihn zu einer tragfähigen Lösung zu führen und zur erfolgreichen Umsetzung zu befähigen. Dazu braucht der Coach vor allem ein taugliches Denkmodell über effizientes Entscheiden und erfolgreiches Handeln.

Solch ein Denkmodell muss einerseits für den Nicht-Psychologen und Nicht-Therapeuten handhabbar sein, andererseits aber komplex und fundiert genug, um damit die anstehenden Fragestellungen umfassend und nachhaltig bearbeiten zu können.

Im Fehlen eines solchen Modells liegt unseres Erachtens zurzeit das große Problem in der Umsetzung des Coaching-Gedankens in der Führungspraxis. Coaching ist mehr als ein einfühlsames, akzeptierendes Gespräch, auch wenn das als Basis sehr hilfreich sein kann. Aus langjähriger Erfahrung aus Führungsseminaren zum Thema Coaching wissen wir: Selbst wenn es nicht an der unterstützenden Haltung untereinander fehlt und auch nicht an der grundsätzlichen Bereitschaft, sich mit Sinnfragen und Schwierigkeiten den Kollegen gegenüber zu öffnen, bleibt dennoch das Problem der Hilflosigkeit im Umgang mit den Themen, die vorgetragen werden. Aus Unsicherheit, wie man mit einer Fragestellung umgehen soll, werden dann immer wieder Ratschläge erteilt, Appelle formuliert, Beschwichtigungen vorgenommen und vor allem eigene Erfahrungen berichtet.

Es besteht ein großes Defizit in der Kompetenz, das Gespräch sinnvoll, initiativ und effizient zu strukturieren und geeignete Prozessfragen zu stellen. Führungskräfte haben in der Regel kein praktisches psychologisches Handlungsmodell und kein Repertoire an Prozessfragen zum Umgang mit Entscheidungsproblemen, Klärungsbedürfnissen und Verhaltensmängeln ihrer Mitarbeiter. Wir möchten deswegen ein Handlungsmodell für Coachinggespräche vorstellen.

Einen wertvollen Beitrag in diese Richtung gibt es unseres Erachtens gegenwärtig vor allem durch Whitmore (1996) mit seinem GROW-Modell, das auch von anderen Autoren übernommen wurde (zum Beispiel Glatz/Lamprecht 2000). Whitmore hat sein Modell jedoch nicht verknüpft mit unternehmensrelevanten Fragestellungen. Wir wollen unser einfaches Handlungsmodell deswegen später auch auf die jeweiligen Themenbereiche beziehen, die im Coaching bearbeitet werden, also vor allem auf das Thema Mitgliedschaft und das Thema Professionalisierung.

Kapitel 8
Konzeptuelles Grundgerüst für das Coaching

Dieses Kapitel gibt Antworten auf Fragen wie:

❖ Worüber muss der Coachee reflektieren, um erfolgreich handeln zu können?
❖ Welche Merkmale muss ein handlungssteuerndes Ziel haben?
❖ Was wird bei der Situationsanalyse häufig übersehen?
❖ Welchen Impuls kann der Coach geben, wenn der Coachee keine zielführende Handlungsidee hat?
❖ Welche gedanklichen Prozesse sind nötig, bevor man gezielt handelt?

Ein psychologisches Modell des Handelns

Bei der Entwicklung unseres Modells gehen wir von dem Grundgedanken der kognitiven Psychologie aus, wonach jeder Mensch sich ein individuelles mentales Konstrukt seiner Wirklichkeit schafft, sozusagen seine eigene »Psycho-Logik« hat. Dieses Konstrukt aus selektivem Wissen, Konzepten über andere Personen, Selbsteinschätzungen, Überzeugungen, Vorurteilen, Regeln, Ideen und gedachten Handlungsoptionen ist durch seine bisherige Lebensgeschichte geprägt. Es ist immer begrenzt, oft immun gegen neue Erfahrungen und zunächst resistent, wenn es darum geht, sich von unbefriedigenden Lösungen zu verabschieden und neue Dinge zu lernen. Wir wollen dieses individuelle Konstrukt das *mentale Modell* einer Person nennen.

Das mentale Modell einer Person leitet ihr Denken und Handeln und begrenzt es zugleich. Wenn wir im Folgenden von Denkinhalten und Vorstellungen sprechen, gehen wir davon aus, dass die Inhalte des mentalen Modells stets auch mit Emotionen – wie

Ängsten, Hoffnungen und Befürchtungen – verknüpft sind. Diese Gefühle können die Denk- und Verhaltensoptionen stark einschränken. So werden möglicherweise bestimmte Verhaltensweisen gar nicht als Option in Betracht gezogen, weil damit die Befürchtung einhergeht, sich beispielsweise lächerlich zu machen

Aufgabe des Coachs ist es, den Coachee dabei zu unterstützen, sich sein mentales Modell bewusst zu machen, es zu hinterfragen, zu erweitern und zu klären, um damit neue Sichtweisen, neue Bewertungen, Entscheidungen und Verhaltensweisen in der Auseinandersetzung mit seiner Umwelt zu ermöglichen.

Wenn der Coachee dabei auf einer Metaebene auch etwas lernt über seine Denk- und Entscheidungsgewohnheiten und die für ihn typischen Handlungsmuster, dann sind wir schon auf einer fortgeschrittenen Ebene des Coachings.

Coaching ist also ein Prozess des gemeinsamen Nachdenkens entlang der zentralen Einflussgrößen auf das Handeln. Dabei wird man zunächst eine Form der Bestandsaufnahme vornehmen, diese analysieren, neue Möglichkeiten ersinnen und ausfeilen sowie die Umsetzung vorbereiten. Ein großer Teil des Coachings ist folglich das reflektierende Gespräch. Die zwischen den Coachinggesprächen gemachten Erfahrungen sind ebenso Gegenstand gemeinsamer Reflexion wie die Entscheidung über und Planung von neuen Schritten. Die Einübung von Fertigkeiten ist zunächst von untergeordneter Bedeutung. Gerade beim Coaching zur Steigerung professioneller Kompetenz können die gemeinsam gewonnenen Erkenntnisse aber durchaus in einen sehr individuellen Experimentier- und Trainingsplan münden. Dabei kann der Coach als Beobachter fungieren.

Die Elemente des Modells

Die von uns zugrunde gelegte Struktur eines mentalen Modells ist einfach und ist für die Coachingsituation unseres Erachtens hinreichend. Sie findet auch in anderen Zusammenhängen bereits Verwendung (zum Beispiel in den Verhaltensdreiecken von Stettler in Stettler/Lochner 1992).

Sie enthält lediglich drei Strukturelemente, nämlich das Ziel einer Person, die Situation, die den Kontext der Handlung abgibt und das Verhalten, das gewählt wird:

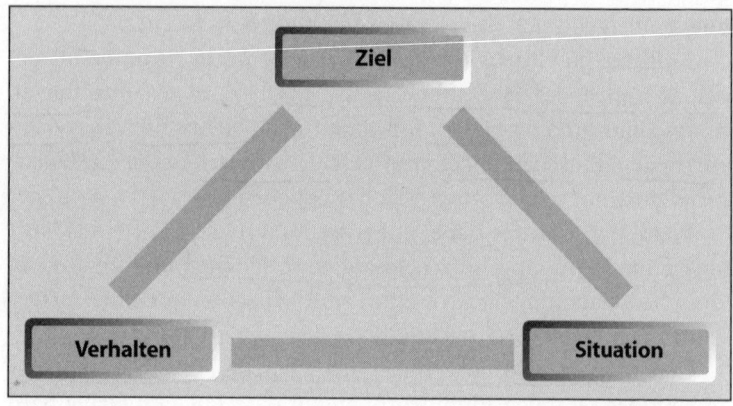

Diese drei Elemente können nicht unabhängig voneinander betrachtet werden: Die Klärung des Ziels, die Analyse der Situation und die Wahl der Strategie finden aufeinander bezogen und in Wechselwirkung zueinander statt. So kann zum Beispiel das Ziel erst konkrete Gestalt annehmen, wenn man sich ein genaues Bild von der Situation gemacht hat, in der man es realisieren will, und wenn man die eigenen Verhaltensmöglichkeiten erwogen hat.

Der Coach hat die Aufgabe, den Coachee bei der inhaltlichen Auseinandersetzung mit diesen drei Handlungselementen zu leiten und zu begleiten. Er unterstützt ihn dabei, seine Ziele zu klären, neue Sichtweisen über seine Situation zu gewinnen, Entscheidungen zu treffen und neue Verhaltensweisen auszuprobieren. Das mentale Modell gibt dem Coach einen Leitfaden für die gemeinsame Arbeit.

Die allgemeine sowie die angewandte Psychologie haben einige Kriterien ermittelt, die das mentale Modell erfolgreicher Menschen erfüllen muss. Der Coach muss wissen, welche Kriterien »gute« Ziele erfüllen müssen und kennt die typischen Fehler, die bei der Entwicklung von Zielen gemacht werden. Er weiß, worauf es bei der Situationsanalyse ankommt, und hilft dem Coachee beispielsweise die Perspektive anderer Personen einzunehmen und neue Zusammenhänge zu erkennen. Er ermuntert den Coachee, sich neue Verhaltensoptionen zu erschließen und dabei kreativ und mutig zu sein. Er hilft dem Coachee, sich von wirkungslos gewordenem Verhalten zu verabschieden.

Diese drei Elemente des mentalen Modells sind die handlungsrelevanten, inhaltlichen Bereiche des Denkens. Das ganze Repertoire der Gedanken und des Wissens ist nicht gleichzeitig im Bewusstsein präsent. Durch so selbstverständlich erscheinende Prozesse wie die Steuerung der Aufmerksamkeit wird nur ein Teil der Denkinhalte gleichzeitig bewusst gehalten, und anderes wird vorübergehend ausgeblendet.

Diese Prozesse haben neben den Inhalten großen Einfluss auf den Handlungsverlauf. Hierzu verweisen wir auf die bedeutenden Arbeiten von Julius Kuhl (1998).

Die Ziele

In allen psychologischen Handlungsmodellen geht es letztlich um die Ziele des Handelns, wird ja eine Aktivität auch dann erst als Handlung definiert, wenn sie ein Ziel besitzt. Folglich muss die Klärung, Definition und Abstimmung von Zielen ein entscheidender Coaching-Bestandteil sein. Wir haben dies in unseren Ausführungen über die Konflikthaftigkeit von Zielen bereits dargelegt (s. S. 58ff.).

Ein Ziel ist das vorausgedachte, angestrebte Ergebnis des Handelns. Ziele können dabei auf verschiedenen Abstraktionsebenen liegen, auch das haben wir im ersten Teil des Buches ausführlich diskutiert. Eine klare Vorstellung einer wünschenswerten Zukunft ist die Triebfeder des Handelns, ist die Quelle von Energie, die dazu nötig ist, Trägheit zu überwinden, Anstrengung auf sich zu nehmen und manchmal den sicheren Pfad von Routinen zu verlassen.

Eine wesentliche Aufgabe des Coachs ist es deswegen, einen Zielklärungsprozess in Gang zu bringen, die Entscheidung für eines der möglichen Ziele in die Wege zu leiten sowie die erfolgreiche Realisierung des Zieles zu begleiten.

Über den Prozess der Ziel- und Wertereflexion, der Lösung von Zielkonflikten und der Entscheidung macht sich die wissenschaftliche Psychologie bereits seit langem Gedanken, hat dazu entscheidende Erkenntnisse gewonnen und Modelle entwickelt (Überblick bei Heckhausen 1989). Zentrale Erkenntnis dieser Forschung war, dass jeder Entscheidung für ein Ziel eine Wertkomponente und eine Wahrscheinlichkeitskomponente zugrunde liegen. Die Wertkomponente definiert die Attraktivität des Zieles, also wie lukrativ und wichtig es für die jeweilige Person ist. Dagegen ist die Wahrscheindlichkeitskomponente die subjektiv eingeschätzte Chance, ein Ziel tatsächlich zu erreichen. Erst wenn beide Faktoren positiv eingeschätzt werden, kommt es zur zielgerichteten Handlung.

Beide Faktoren zu reflektieren, also Zielvorstellungen tatsächlich auf Realisierbarkeit und Attraktivität zu hinterfragen, Hindernisse auf dem Weg zur Realisierung zu beseitigen und Ziele tatsächlich erstrebenswert und damit als Anreiz zum Handeln zu machen, muss eine der Aufgaben des Coachings bei der Zielklärung sein.

Worauf kommt es bei der Zielvorstellung an?

Konkrete Vorstellung

Zielvorstellungen gibt es auf verschiedenen Konkretisierungsebenen mit verschiedenen Zeithorizonten. Ebenso wie bei der Zielvereinbarung auf der betrieblichen Ebene ist es auch bei der Entfaltung eigener Ziele nötig, abstrakte Ziele »herunterzubrechen« auf konkrete Vorhaben.

Wie wir schon erläutert haben (s. S. 31), wird dabei nur aus dem Zusammenhang deutlich, was ein Oberziel mit eigenem Wert ist und was ein Etappenziel ist, das als Mittel zum Zweck angestrebt wird. Die Wahrscheinlichkeit, ein Oberziel zu erreichen, ist umso größer, je konkreter die Vorstellungen der Person über ihre nächsten Etappenziele sind. Hierdurch wird natürlich die oben angesprochene Chance zur Realisierung positiv beeinflusst.

Es lassen sich einige Kriterien nennen, die ein gutes Etappenziel haben sollte. Wir haben diese Kriterien bereits aufgeführt (s.

S. 57). Was die Bedeutung dieser Kriterien angeht, besteht große Übereinstimmung zwischen der wissenschaftlichen und praktischen Psychologie. Wir verweisen dazu nochmals auf Dörner (2000).

Neben dem Aufgliedern des Oberziels in Teilziele ist ein weiteres Kriterium von entscheidender Bedeutung. Von den Anhängern des Neurolinguistischen Programmierens (NLP) immer wieder zurecht betont wird die sinnliche Vorstellung des Ziels (zum Beispiel Bachmann/Priester 1992). Erfolgsentscheidende Fragen sind: Kann sich ein Mensch sein Ziel mit allen Sinnen vorstellen? Hat er ein Bild vor dem inneren Auge? Kann er Geräusche oder Gespräche mit dem inneren Ohr hören? Kann er sich seine Gefühle in der Zielsituation vergegenwärtigen? Kann er gar Gerüche und Geschmacksqualitäten wachrufen?

Die Erfahrung der Anwender des NLP hat gezeigt, dass Menschen, die sich ihr Ziel nicht mit ihren Sinnen vorstellen können, es auch nicht umsetzen werden.

Ein Coach darf sich also nicht nur auf abstrakte Beschreibungen und Bewertungen verlassen, er muss auch die Welt der bildlichen und sinnlichen Vorstellungen berücksichtigen. Innere Bilder, Gefühle, Intuitionen auszutauschen ist für das Geschäftsleben ungewöhnlich, andererseits sind erfolgreiche Führungskräfte in der Lage, bei ihren Mitarbeitern Bilder zu erzeugen, ohne dass diesen das unbedingt bewusst ist (Bennis/Nanus 1987).

Beim Coaching zur Klärung des Engagements kann zum Beispiel die Arbeit mit sinnlichen Vorstellungen und konkreten Szenarien hilfreich sein, wenn der Coachee Konkretisierungen der Leitidee des Unternehmens entwirft und deren Passung mit seinen Berufslebensentwürfen prüft.

Persönliche Wertigkeit

Ein weiterer erfolgskritischer Zielfaktor ist die Wertigkeit, die das Ziel für den Mitarbeiter besitzt. Ziele sind immer Ziele von Menschen, unabhängig von Menschen existieren Ziele allenfalls auf Papier.

Doch zu oft gibt man sich mit der Pflichtübung der Zielformulierung zufrieden, ohne das innere Commitment wirklich zu überprüfen. Viele Menschen haben verlernt, sich ihre subjektiven Werte klarzumachen und sie zu artikulieren. Als Ziel wird genannt, was allgemein erwünscht ist, Arbeitsziele werden zu Dingen, die man muss, nicht aber wirklich will.

Deswegen sollte ein Coachinggespräch dazu führen, dass sich der Coachee darüber bewusst wird, was für ihn persönlich wirklich wünschenswert ist. Nur so wird das nötige Engagement zur Umsetzung auch wirklich entwickelt.

Ein Coaching-Gespräch ist, um es nochmals zu betonen, kein Zielvereinbarungsgespräch, bei dem beide Seiten einen gemeinsamen Nenner ihrer Ziele suchen oder die Geschäftsziele herunterbrechen. Es geht bei der Zielklärung um die Ziele des Mitarbeiters. Erst ein gesonderter zweiter Schritt ist der, sein Ziel daraufhin zu überprüfen, ob es sich mit den Zielen der Organisation und deren Mitglieder verbinden lässt.

In dieser Hinsicht sind natürlich gerade beim Coaching des Mitarbeiters durch seinen Vorgesetzten kritische Überlegungen angebracht, hat doch der Vorgesetzte eigene Führungsziele und vertritt primär die Ziele der Organisation. Diese Konstellation erfordert von den Beteiligten hohe Souveränität und Toleranz.

Der Mitarbeiter muss ermutigt werden zu sagen, was ihm wirklich wichtig ist. Bedeutsam ist dabei die Grundüberzeugung des Vorgesetzten, dass sein Mitarbeiter seine Potenziale ohnehin nur voll entfaltet, wenn er sich identifizieren und begeistern kann. Nicht jede Vorgesetzten-Mitarbeiter-Beziehung hat dafür die nötige Reife.

Während ernst zu nehmende Autoren wie Looss das Coaching von Mitarbeitern durch Vorgesetzte ablehnen, plädieren wir für diesen mutigen Dialog über die Werte der Organisation und den Versuch einer Enttabuisierung persönlicher Ziele, persönlicher Grenzen und verschiedener Berufslebensentwürfe.

Der Klärung der Wertigkeiten kommt bei unseren beiden Coachingformen eine unterschiedliche Bedeutung zu.

Beim Coaching zur Mitgliedschaft ergibt sich ihr besonderer Stellenwert aus der Tatsache, dass die persönlichen Werte in den Werten der Organisation repräsentiert sein müssen.

Beim Coaching zur Steigerung der professionellen Kompetenz geht es mehr um die erfolgreiche Umsetzung von bereits akzeptierten Oberzielen. Hier ist in erster Linie sicherzustellen, dass die Ziele sinnvoll erscheinen und ein attraktives Maß an Herausforderung besitzen.

Die Situation

Ein zweites unverzichtbares Element unseres Handlungsmodells ist die Situation, in der die Handlung vollzogen wird bzw. auf die die Handlung Einfluss nehmen soll. Dabei ist nur ein kleiner Teil der Situationsmerkmale handlungsrelevant, je nachdem, worin die Tätigkeit besteht und welches Ziel sie hat.

Der Coach unterstützt den Coachee dabei, sich im Vorfeld der Handlung die verschiedenen bestehenden oder potenziellen Facetten der Situation bewusst zu machen und dabei Wesentliches von Unwesentlichem zu unterscheiden. Wesentlich sind dabei die Dinge oder Personen, an und mit denen die Handlung vollzogen werden soll oder die sich förderlich oder hinderlich für die Zielerreichung erweisen können.

Kommt aus der Klärung des Ziels eher das energetisierende und emotionale Element der Handlung, so kommt aus der Situationsanalyse eher das strategische Element. Insofern hat der Coach die Aufgabe, gerade bei der Situationsanalyse allzu subjektive Deutungen zu hinterfragen und durch Konfrontation mit anderen Deutungsmöglichkeiten aufzubrechen.

Greifen wir nochmals unser Beispiel vom Mitarbeiter auf, der ein sensibles Gespräch mit seinem Vorgesetzten führen möchte. Ein wesentlicher Bestandteil der Situation ist also die Person des Vorgesetzten mit ihren momentanen Befindlichkeiten, ihren Bedürfnissen und ihren Zielen, ihren Dispositionen und Fähigkeiten.

Der Erfolg des Mitarbeiters bei seinem Gespräch wird nicht nur von seinem Willen und seiner Energie abhängen, sondern auch davon, ob er seinen Vorgesetzten richtig einschätzt und die richtige Gesprächssituation und -strategie wählt.

Neben dem sachlichen Kontext haben also in der Situationsanalyse auch die Ziele und Erwartungen anderer Personen ihren Stellenwert. Der Coachee muss sich mit ihnen als einem Bestandteil seiner Rahmenbedingungen auseinander setzen, denn die Bestrebungen anderer können sich förderlich auf das eigene Vorhaben auswirken oder als hinderlich erweisen und dann zu offenen oder verdeckten Konflikten und Schwierigkeiten führen.

Beim Coaching zur Professionalisierung hat dies insofern Relevanz, dass annähernd jede Handlung auch die Ziele anderer Personen betrifft. Möchte man also seine Arbeitsorganisation verbessern, so wird dies die Art der Zusammenarbeit mit Dritten berühren, weshalb Reaktionen der Betroffenen in der Regel zu erwarten sind.

Ähnliches gilt beim Coaching zur Klärung des beruflichen Engagements. Hier sind zum Beispiel die Ziele der Lebenspartner eine wesentliche Situationsvariable, deren Einfluss und Auswirkungen bedacht werden müssen.

Worauf kommt es bei der Situationsanalyse an?

Perspektivenwechsel und psychologisches Beurteilungsvermögen

Wenn man seine Ziele erreichen möchte, benötigt man in vielen Kontexten die Fähigkeit, sich in andere Menschen hineinzuversetzen. In der Einschätzung anderer Menschen haben Führungskräfte oft erstaunlich große Schwierigkeiten und wenig Übung. Da der berufliche Kontext eine sachliche, scheinbar objektive Argumentation erfordert und meistens gefühlsbetonte Argumente sanktioniert, werden bei anderen emotionale Beweggründe unterschätzt.

Menschen unterschätzen typischerweise bei anderen Ängste, Zwänge und irrationale Motive und beziehen dies nicht bei der Situationsanalyse mit ein. Häufig dagegen schließt man von der eigenen Bedürfnislage auf die anderer Beteiligter. Gerade in Seminaren zum Thema Coaching kann man immer wieder feststellen, dass es für Führungskräfte eine erstaunliche Entdeckung ist, bei ihren Kollegen andere Prioritäten, andere Motive, andere Befürchtungen zur Kenntnis nehmen zu müssen als die eigenen.

Deswegen werden oft nur eigene Nutzenargumente in Gesprächssituationen verwendet, ohne zu realisieren, dass die Motive des Gesprächspartners möglicherweise völlig anders gelagert sind.

Insofern nimmt die Beschäftigung mit der Psychologie anderer Personen bei der Klärung der Situation im Coaching einen großen Raum ein. Hier Fantasie zu entwickeln für die tatsächlich handlungsrelevanten Einstellungen Dritter, deren Einfluss auf das eigene Verhalten zu hinterfragen und zu bestimmen, ist neben der Erfassung der harten Faktoren die große Herausforderung im Coachingprozess bei diesem Element. Die Qualität der Situationsanalyse bestimmt ganz wesentlich den späteren Handlungserfolg.

Systemisches Denken

Eine Fähigkeit, die für jede Organisation lebensnotwendig ist, ist der Blick für größere, zeit- und ortsüberspannende Zusammenhänge. Coaching muss hier zu einer kritischen Analyse der zukünftigen

Bedürfnisse der Zielgruppe und zu einer fundierten Einschätzung der Entwicklung des Mitbewerbs verhelfen. Dazu gehört auch die richtige Beurteilung der eigenen Ressourcen, ein Gefühl für das Machbare und für unkalkulierbare Größen.

Das analytische und intuitive Erfassen der Zusammenhänge und Wechselwirkungen dieser Größen ist eine Fähigkeit, die bei vielen Mitarbeitern (noch) nicht erschlossen wurde. Zu häufig wird monokausal und linear gedacht, werden Systeme für einfach und stabil gehalten. Dabei arbeiten Unternehmen heute in instabilen und komplexen Umfeldern, deren Entwicklungen sprunghaft und nicht linear zu erwarten sind.

Durch intensives Explorieren aller relevanten Bezugsgrößen, durch ständiges Reflektieren möglicher Interdependenzen muss ein Coach hier den Blick für komplexe Zusammenhänge schärfen.

Das Verhalten

Dritter Bestandteil eines Handlungsmodells ist schlussendlich das Verhalten. Eine Frage, die im Coaching-Gespräch zu den häufigsten gehört, ist sicher: Wie kann, wie soll ich mich jetzt verhalten? Die Antwort kann ein Ratschlag sein, doch führt dies meist nur zu einer Lösung der jeweiligen konkreten Problemsituation.

Coaching beabsichtigt aber mehr. Es soll den Gecoachten in die Lage versetzen, auch bei zukünftigen Schwierigkeiten selbst eine Lösung zu entwickeln. Die Fragen, die ein Coach dabei stellt, sollen ins Repertoire des Coachees übergehen, damit er selbst in der Lage ist, später eigenständig erfolgreiche Verhaltensalternativen zu entwerfen. Unabhängig davon berücksichtigt ein Ratschlag meist kaum das individuelle mentale Modell der Person und weckt damit nur selten eine echte Motivation zur Umsetzung.

Von großer Bedeutung ist dagegen, welche Verhaltensweisen der Coachee bislang überhaupt in Betracht gezogen hat, welche er verworfen hat und warum und welche er sich zutraut.

Wie kann man das Verhaltensrepertoire erweitern?

Grenzen überschreiten

Gerade bei der Ausarbeitung von Verhaltensmöglichkeiten begrenzen sich viele Menschen erheblich in ihren Wahlmöglichkeiten. Sie setzen Grenzen im Kopf. Sie sehen nur einen Bruchteil der Optionen, von denen sie wiederum nur einen kleinen Teil für sich in Betracht ziehen. In der Regel sind dies die Verhaltensweisen, mit denen sie in der Vergangenheit Erfolg hatten.

Erzielen sie mit diesen Verhaltensweisen nun nicht mehr die gewünschten Ergebnisse, so wird nicht etwa die Strategie gewechselt, sondern eingeübtes, vertrautes Verhalten wird mit vermehrtem Energieaufwand praktiziert. Dieses paradoxe Verhalten hat in der Psychologie die Kurzbezeichnung »Mehr-desselben« und kennzeichnet ein Haften an Mustern, ohne deren Situationsadäquatheit zu prüfen.

Aufgabe des Coachs ist es, den Coachee dabei zu unterstützen, wirkungslos gewordene Verhaltensweisen zu hinterfragen und neue Möglichkeiten zu generieren und auszuprobieren.

Mentale Prozesse

Die mentalen Prozesse sind nun diejenigen Vorgänge, mit denen die Inhalte des mentalen Modells verarbeitet und zur Steuerung von Handlungen genutzt werden. In den verschiedenen Phasen des Reflektierens und Agierens sind die Inhalte des mentalen Modells ja keineswegs in gleicher Form und Vollständigkeit bewusst.

Während in einer Phase des Reflektierens, also zum Beispiel der des Coaching-Gespräches, durchaus viele, teils auch widersprüchliche Details präsent sein können, ist es in der Phase des Handelns von Vorteil, sich nur auf wenige handlungsrelevante Informationen zu konzentrieren und nicht durch eine Fülle von Erwägungen abzulenken.

In der Coaching-Literatur wurde den handlungssteuernden Prozessen bislang recht wenig Aufmerksamkeit geschenkt. Hinweise zu dieser Thematik finden sich eher in der psychologischen Grundlagenforschung sowie in der Therapieforschung.

Innerhalb der mentalen Struktur aus Ziel, Situation und Verhalten laufen verschiedene psychische Prozesse ab, die vom Coach begleitet und auch angestoßen werden können. Der erste Prozess ist der des Reflektierens, danach folgt der des Entscheidens, zuletzt der der Handlungssteuerung bei der Umsetzung der Entschlüsse.

Dass die unterschiedlichen mentalen Schritte eng mit der Art der Fragestellung des Coachs verknüpft sind, wollen wir in unseren Modellen später berücksichtigen.

Reflexion

Zu Beginn des Coachingprozesses geht es darum, dass sich der Coachee ein Bild seiner persönlichen Situation macht. Der Coach fördert ihn dabei, möglichst viele Dinge wahrzunehmen, Zusammenhänge zwischen Ereignissen herzustellen, seine Empfindungen zu reflektieren und sich seine Bewertungen bewusst zu machen. Ziel dabei ist es, bisher einseitige Wahrnehmungen zu differenzieren, zu vervollständigen und verborgene Zusammenhänge wahrzunahmen, frühere Schlussfolgerungen zu überprüfen und Denkfehler zu erkennen. Klärende Fragen stehen also hier im Vordergrund.

Wenn die drei Elemente des mentalen Modells hinreichend durchdacht, imaginiert und analysiert wurden, dann kann eine Entscheidung getroffen werden.

Entscheidung

Der nächste Schritt im Coaching ist die Unterstützung bei der Entscheidung. Hat sich jemand ein Bild seiner Situation gemacht, geht es darum, dass er seine Lage zusammenfassend beurteilt, sich verbindliche Ziele setzt und zu einer seiner Handlungsoptionen entschließt.

Die Fähigkeit, sich verbindlich Ziele zu setzen und zu entscheiden, bedeutet auch, sich von anderen Optionen trennen zu können.

Es gibt Menschen, die sehr wohl reflektieren können, aber gerade mit der Festlegung auf Ziele und Optionen Schwierigkeiten haben. Es fällt ihnen schwer, emotionale Prioritäten zu setzen und ihren Entscheidungen zu trauen. Gerade hierzu brauchen sie dann die Unterstützung des Coachs, er stellt hier tendenziell eher abwägende, unterscheidende Fragen.

Das Coaching gibt ihnen Sicherheit, bei der Entscheidung nichts Wichtiges übersehen zu haben. Ein Coach wird solchen Mitarbeitern zudem vor Augen führen, dass auch die Verschleppung einer Entscheidung einen Preis hat.

Handlungssteuerung

Nicht jeder, der seine Lage reflektiert und sich entschieden hat, setzt seine Entschlüsse um. Es gibt viele Menschen, auch ganze Unternehmenskulturen, mit ausgeprägter Realisierungsschwäche. Die mentalen Prozesse, die eine erfolgreiche Umsetzung begleiten, sind ihnen nicht bewusst und sie können sie nicht steuern.

Zu der erfolgreichen und schlagkräftigen Umsetzung von Vorhaben gehört es zum Beispiel, sich seine Ziele vor dem geistigen Auge als Richtschnur des eigenen Handelns präsent zu halten und den potenziellen Erfolg vor Augen zu führen.

Abträglich dagegen ist es, sich während der Umsetzung noch einmal mit den Vorzügen der nicht gewählten Alternativen auseinander zu setzen oder gar, sich einen Misserfolg auszumalen. Das wäre dann eher eine geeignete Strategie, um sich zu demotivieren und nicht aktiv zu werden.

Zur erfolgreichen Umsetzung gehört ebenfalls die Fähigkeit, sich ganz auf die gegenwärtigen Anforderungen der Situation zu konzentrieren. Man muss Techniken des mentalen Selbstmanagements entwickeln, um sich gedanklich abzuschirmen gegen Störungen. In einem schwierigen Gespräch beispielsweise ist es erforderlich, dem Gesprächspartner größtmögliche Aufmerksamkeit zu schenken, ihn gut zu beobachten, ihm genau zuzuhören.

Abträglich dagegen sind alle ablenkenden Gedanken, sei es das Denken an zukünftige Anforderungen oder die Beschäftigung mit der eigenen Person. Höchstleistungen erfordern eine gewisse Selbstvergessenheit. Ein Redner, der immer wieder kritisch über seine Wirkung nachdenkt, kann nicht voll bei der Sache sein.

Umsetzungsfähigkeit bedeutet somit, in der Lage zu sein, in einem bestimmten Zeitfenster der Handlung bestimmte Teilbereiche des mentalen Modells zu fokussieren und andere Inhalte auszublenden.

Wenn ein Coachee eine deutliche Umsetzungsschwäche hat, muss der Coach die Gedanken explorieren, mit welchen er seine Handlung boykottiert. Für diese abträglichen Gedanken müssen dann positive Alternativen gefunden werden.

Zusammenfassung

❖ In der Phase des Reflektierens macht es durchaus Sinn, sich auch den »worst case« auszumalen und zu überlegen, wie man ihm begegnen kann.

❖ In der Entscheidungsphase ist es nützlich, logische Argumente und gefühlsmäßige Neigungen gesamthaft abzuwägen, die sich abzeichnenden Alternativen noch einmal durchzuspielen und sich dann mit Selbstvertrauen festzulegen.

❖ In der Umsetzungsphase ist nun eher das positive Denken gefragt. Das Erkennen von Chancen, das Wahrnehmen von Teilerfolgen, die Zuversicht auf den Erfolg fördern und beflügeln die Handlung, wohingegen die Konzentration auf Hindernisse und die Angst vor dem Versagen den Blick verengen und die Handlung blockieren.

Kapitel 9
Ein Modell für Mitgliedschaft und Professionalität

Dieses Kapitel gibt Antworten auf Fragen wie:

❖ Aus welchen Faktoren konstituiert sich Mitgliedschaft?
❖ Welche Prozesse muss der Coach initiieren, um einen Mitarbeiter zum Mitglied zu entwickeln?
❖ Welche Faktoren müssen wir mit einbeziehen, wenn wir von Professionalität sprechen?
❖ Welche Leistungen kennzeichnen eigentlich einen »Profi«?
❖ Wie kann ein Coach Entwicklungsprozesse zur Professionalisierung anstoßen?
❖ Welche typischen Prozessfragen stellt ein Coach?

Ein Modell für erfolgreiche Mitgliedschaft

Wir wollen nun das allgemeine Handlungsmodell auf das Coaching zur Mitgliedschaft übertragen. Sinn und Zweck dieser Form des Coachings ist es, wie schon dargelegt, Identifikation mit der Organisation und Commitment für unternehmerische Entscheidungen zu entwickeln. Im Vordergrund steht hier die Sichtweise, die der Coachee bisher über die zentralen sich gegenseitig beeinflussenden Größen des Wirkgefüges der Organisation hat. Der Mitarbeiter hat also auch ein mentales Modell der Organisation, das sein Denken und Fühlen *über* und sein Handeln *in* der Organisation bestimmt. Dieses Modell ist häufig von negativen Einstellungen geprägt, was man in Aussagen festmachen kann wie: »Denen da oben ist doch egal, was ihre Schnellschüsse für uns bedeuten«, »Denen kommt es doch nur auf den Profit an« (vgl. auch Aussagen aus dem Strategie-Quiz von Ulrich et al. 2000).

Aufgabe des Coachs ist es, den Mitarbeiter anzuregen, sich sein mentales Modell bewusst zu machen, neue Bewertungen vorzunehmen, neue konstruktive Einstellungen zu entwickeln.

Wir werden zunächst betrachten, welche Themen des allgemeinen Modells aufseiten des Ziels, der Situation und der Verhaltensoptionen für die Mitgliedschaft relevant sind. Dann werden wir erörtern, welche Prozesse es ermöglichen, zur Mitgliedschaft zu gelangen. Folgende Faktoren muss die Führungskraft als Coach bedenken und behandeln, wenn sie den Mitarbeiter zu einer fruchtbaren Mitgliedschaft in der Organisation führen will.

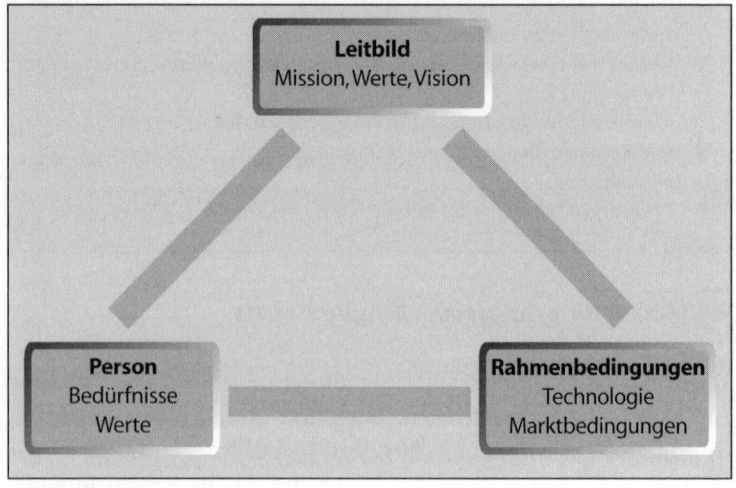

Das Leitbild des Unternehmens

Der Zielgröße unseres Handlungsmodells entspricht das Leitbild des Unternehmens in unserem Modell der Mitgliedschaft. Wie bereits auf Seite 30ff. ausgeführt, ist das Leitbild sozusagen das »Grundgesetz« eines Unternehmens und klärt Sinn und Zweck der Organisation sowie ihre Wertepositionen. Das Unternehmen beschreibt darin sein Selbstverständnis.

Das Leitbild muss mehr sein als der Share-holder-value-Ansatz. In ihm werden Mission, Vision und Grundwerte definiert, aus denen sich *value propositions* für verschiedene Anspruchsgruppen ableiten lassen.

Ein Coach, der die Identifikation seines Mitarbeiters mit dem Unternehmen fördern will, muss ein guter Kenner, ein begeisterter Mitstreiter und Mitgestalter und ein überzeugender Interpret des Unternehmensleitbildes sein. Er muss die Stakeholder (Anspruchsgruppen) der Organisation benennen können und die Wertangebote (value propositions) an diese Zielgruppen kennen.

Seine Aufgabe besteht nun darin, mit dem Mitarbeiter dieses Leitbild zu klären, es zu erklären und zu diskutieren. Idealerweise war der Mitarbeiter am Entwicklungsprozess des Leitbildes beteiligt. Häufig kennt er es aber gar nicht oder nur kaum. Sich mit dem Vorgesetzten darüber differenziert auseinander zu setzen, führt in der Regel zu einem wertvollen Dialog. Erörtert werden müssen in einem solchen Gespräch zum einen die grundsätzlichen Inhalte, andererseits aber auch die Widersprüche, die der Mitarbeiter zwischen Leitbild und Praxis des Unternehmen auszumachen glaubt.

Es genügt natürlich nicht mehr, wenn Führungskräfte zwar das Wertangebot an Kunden und Shareholder benennen können, sich jedoch schwer tun mit dem Wertangebot an die Mitarbeiter. Formeln wie »Der Mitarbeiter ist ein wichtiges Kapital« sind zu wenig. Diese Werte auf der Verhaltensebene tatsächlich zu konkretisieren und mit dem Mitarbeiter zu reflektieren, wäre ein echter Schritt zur Glaubwürdigkeit und Identifikation.

Inspirierende Fragen eines Coachs bei der Klärung des Leitbildes

❖ Welche soziale Verantwortung hat unser Unternehmen nach Ihrer Meinung?
❖ Was sind Ihrer Meinung nach zentrale Elemente unseres Leitbildes?
❖ Welche Anspruchsgruppen befriedigt unser Unternehmen und wie zeigt sich das konkret?
❖ Wo bleiben wir in unserem Leitbild zu vage, was ist unklar?
❖ Welche Wertangebote stehen in Konkurrenz zueinander?
❖ Wie wollen und sollen wir diese Werte ausbalancieren?
❖ Was können wir bei der Berücksichtigung der unterschiedlichen Zielgruppen Ihrer Meinung nach nicht leisten?
❖ Worauf wollen und sollen wir keinesfalls verzichten?
❖ Wo haben wir Schwächen und Widersprüche in der Umsetzung?

Persönliche Werte und Bedürfnisse

Dem Element des Verhaltens entsprechen in unserem Modell der Mitgliedschaft die Werte, Bedürfnisse und Potenziale des Mitarbeiters, denn sie bestimmen die motivationalen und ethischen Grenzen seiner Mitgliedschaft. Ein Coach muss wissen: Der Mitarbeiter wird nur dann unternehmerisch denken und handeln, wenn sich das Leitbild der Organisation in seinen entscheidenden Bestandteilen mit den Bedürfnissen und Werten des Mitarbeiters deckt oder zumindest verträgt.

Die Deckung der persönlichen Werte des Mitarbeiters mit denen des Leitbildes betrifft zunächst die Wertangebote des Unternehmens an externe stakeholder. Diese Wertangebote sprechen die ethische Ebene der Wertvorstellungen der Mitarbeiter an. Viele Mitarbeiter wünschen sich, einen sinnvollen Beitrag für andere zu leisten oder mindestens allgemeinen Interessen nicht zu schaden.

Man kann zum Beispiel feststellen, dass Mitarbeiter von Unternehmen, die militärische und zivile Einrichtungen verkaufen, lieber im zivilen Bereich eingesetzt werden möchten. Drängt ein Mitarbeiter, der im Bereich der militärischen Produkte wertvolle Arbeit leistet, in den zivilen Bereich, muss der Vorgesetzte eine Wertedebatte anstoßen mit dem Ziel, möglicherweise doch eine Vereinbarkeit der Wertvorstellungen des Mitarbeiters mit diesem Teil der Werte der Organisation zu finden.

Interessanterweise sind Mitarbeiter und Führungskräfte mit klaren Wertorientierungen und wertbezogenem Handeln im Durchschnitt erfolgreicher als solche mit reinem Karrieredenken und egoistischen Motiven. Dies belegen ältere und neuere Untersuchungen (zum Beispiel Bennis/Nanus 1987; Kälin/Müri 1988 und von Rosenstiel/Nerdinger 2000). Mitarbeiter mit ethischen Ansprüchen sind berechenbar und genießen darüber hinaus häufig Vertrauen. Systeme, deren interne Kommunikation auf Vertrauen basiert, sind »schlank« und effizient. Wertorientierte Mitarbeiter sind demnach nicht als lästig und zu anspruchsvoll zu betrachten, sondern als potenzielle Leistungsträger des Unternehmens.

Wichtig ist in diesem Zusammenhang aber auch das Wertangebot des Unternehmens an die Mitarbeiter selbst. Dieses Wertangebot spricht die psychologische Ebene der Bedürfnisse und Motive der Mitarbeiter an. Diese Bedürfnisse können reichen von einem ausgeprägten Wunsch nach individueller Selbstentfaltung zu einem Bedürfnis nach Sicherheit und Gruppenzugehörigkeit, von einem starken Leistungsmotiv bis zu einem starken Bedürfnis nach unbedingter Wertschätzung aller Mitglieder, von einem Streben nach Wohlstand zu einer Absage an materielle Werte.

Die Bedürfnisse der Mitarbeiter lassen sich zum einen in dem bereits beschriebenen Modell von McClelland fassen (s. S. 61ff.). Dieses Modell unterscheidet relativ stabile individuelle Motive (Leistung, Macht, sozialer Anschluss). Zum anderen lassen sie sich auch nach dem allgemeinpsychologischen Modell der Maslow-Pyramide einordnen, das davon ausgeht, dass die Wirksamkeit einer höheren Stufe der Pyramide die Sättigung auf den niedrigeren Stufen voraussetzt (zusammenfassend: Heckhausen 1989).

Aufgabe des Coachs ist es, den Mitarbeiter zu ermutigen, seine Wertvorstellungen und Bedürfnisse wahrzunehmen und auszusprechen, Befürchtungen zu artikulieren, innere Widersprüche aufzugreifen und zu diskutieren, um später prüfen zu können, inwieweit sie mit dem Leitbild und den Anforderungen der Situation in Einklang zu bringen sind.

Inspirierende Fragen eines Coachs zur Klärung persönlicher Werte und Bedürfnisse

❖ Wann würden Sie von sich sagen, Sie hätten in Ihrem Leben Erfolg gehabt?
❖ Worin sehen Sie die besondere Verantwortung in Ihrem Beruf?
❖ Gibt es heute ethische Werte, die für Sie besonders wichtig sind?
❖ Woran erkennen Sie in Ihren Entscheidungen, was gut und was schlecht ist?
❖ Welche Arbeit würden Sie unter ethischen Gesichtspunkten keinesfalls tun?
❖ Welche persönlichen Bedürfnisse verbinden Sie mit Ihrer Arbeit?
❖ Wann macht Ihnen Ihre Arbeit Freude? Wann empfinden Sie sie als frustrierend?
❖ Worauf möchten Sie nicht verzichten?

Rahmenbedingungen

Der Situation in unserem allgemeinen Handlungsmodell entsprechen in unserem Modell der Mitgliedschaft die Rahmenbedingungen. Leitideen, Werte und Bedürfnisse müssen sich in einem konkreten Umfeld realisieren. Eine Organisation muss ihre Leitidee auf die jeweiligen technischen, finanziellen, kulturellen Rahmenbedingungen beziehen, in denen sie agiert. Ein Mitarbeiter muss seine persönlichen Werte und Bedürfnisse umsetzen in konkreten Gegebenheiten und Gelegenheiten. Daher ist es wichtig, im Coachinggespräch diese Rahmenbedingungen möglichst differenziert zu erfassen und auf ihre erfolgsrelevanten Faktoren hin zu untersuchen.

Ein Mitarbeiter, der Mitglied werden soll, muss wissen, welche Kunden, welche Mitbewerber und welche gesellschaftlichen Gruppen im zukünftigen Markt die Mitspieler (Key Player) sind, wie sich der Markt verändert, welche Trends sich abzeichnen und wie sich die Rahmenbedingungen der Organisation in Zukunft gestalten.

Er muss wissen, wie sich gesellschaftliche Strömungen für das eigene Geschäft auswirken, wie sich technologischer Wandel zwingend auf die eigenen Prozesse und Produkte auswirkt. Er muss nachvollziehen, wo Veränderungen in der Struktur der Organisation und in seinen Arbeitsweisen notwendig sind. Ziel des Coachings ist hierbei zweierlei: Durch ein differenziertes Bild des Unternehmensumfeldes soll der Mitarbeiter dazu befähigt werden

❖ erstens die bisherigen und zukünftigen strukturellen Veränderungen in seiner Organisation nachzuvollziehen und ihren Sinn zu verstehen

❖ und zweitens selbst im Rahmen seiner Tätigkeit dafür Sorge zu tragen, dass die von ihm zu treffenden Entscheidungen die wesentlichen erfolgskritischen Faktoren der Organisation berücksichtigen.

Inspirierende Fragen des Coachs zur Erfassung der Rahmenbedingungen der Organisation

❖ Wie hat sich unser Umfeld verändert, wie wird es sich weiterentwickeln?
❖ Welche Anpassungserfordernisse gab es für unsere Organisation?
❖ Wie beurteilen Sie unsere Anpassungsleistungen (unser change management) in der Vergangenheit?
❖ Welche technologischen, politischen und gesellschaftlichen Trends gibt es?
❖ Welche Herausforderungen ergeben sich daraus für unser Unternehmen?
❖ Wo müssen wir unsere Strukturen und Prozesse den heutigen Erfordernissen anpassen?
❖ Was machen unsere Mitbewerber? Wie stehen wir im Benchmarking da?
❖ Was bedeutet das für Ihre Arbeit?

Im Folgenden wollen wir aufzeigen, welche mentalen Prozesse innerhalb unseres Modells der Mitgliedschaft durch das Coaching angestoßen werden müssen. Wir wollen dabei analog zu den im vorhergehenden Kapitel skizzierten mentalen Prozessen vorgehen.

Nur wenn Leitbild, Person und Rahmenbedingungen aufeinander bezogen werden, kann eine echte Mitgliedschaft und ein Commitment zum mitunternehmerischen Handeln entstehen.

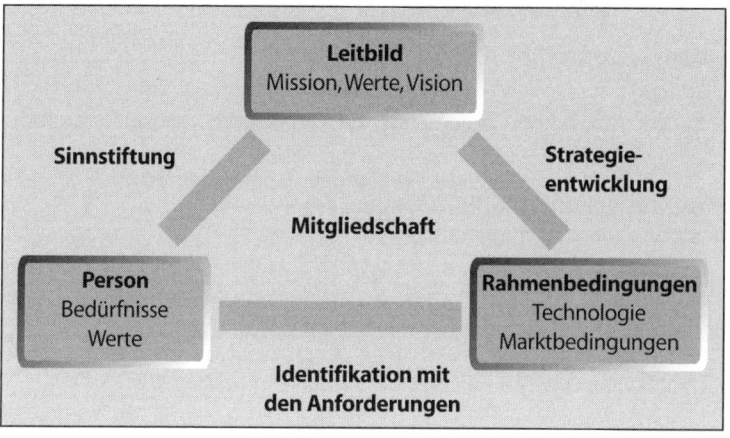

Sinnstiftung stimulieren

Aus der Verbindung der Leitidee des Unternehmens mit den Werten und Bedürfnissen der Mitarbeiter ergibt sich der Sinn der Mitarbeit in diesem Unternehmen. Der Mitarbeiter muss seine eigenen Werte und Bedürfnisse mit dem Leitbild des Unternehmens abgleichen und Bilanz ziehen. Dieser zusammenfassenden Beurteilung muss eine Entscheidung für oder gegen das Unternehmen folgen. Dabei kann der Coach für sein Unternehmen werben und dem Mitarbeiter Mut machen, als Mitglied mitzugestalten und nicht auf eine »gerechte Welt« zu warten. Die Entsprechung zwischen Unternehmenswerten und Mitarbeiterbedürfnissen wird in der Regel nicht hundertprozentig sein. Der Coach muss dennoch eine Entscheidung forcieren, indem er Risiken und Kosten einer Nicht-Entscheidung verdeutlicht.

Es wäre jedoch problematisch, Motivation nur über die Ebene der persönlichen Bedürfnisse herzustellen, denn das wäre »Bestechung« und eben nicht Sinnstiftung. Hier würde dann das Verbindungselement der Mitglieder fehlen und Egoismus die dominante Einstellung sein.

Auf der Handlungsebene muss herausgearbeitet werden, was eine Entscheidung für das Wertangebot des Unternehmens bedeutet und worin sie sich konkret zeigt.

Entscheidungsförderliche und handlungsleitende Fragen des Coachs:

❖ Wie beurteilen Sie das Wertangebot des Unternehmens in Summe?
❖ Welche positiven Argumente und welche Hinderungsgründe gibt es für Sie?
❖ Können Sie sich für dieses Wertangebot entscheiden?
❖ Was passiert, wenn Sie sich nicht entscheiden?
❖ Was bedeutet Commitment im Zusammenhang mit Ihren Vorbehalten?
❖ Wie zeigt sich Ihre Entscheidung auf der Verhaltensebene?

Identifikation mit den Anforderungen erzielen

Aus der Verknüpfung der Werte und Bedürfnisse der Mitarbeiter mit den Rahmenbedingungen der Organisation ergibt sich ein zweiter mentaler Prozess, der im Coaching zur Mitgliedschaft von Bedeutung ist.

Hier geht es darum festzustellen, zu welchem persönlichen Auftrag der Mitarbeiter unter Berücksichtigung seiner Werte und Bedürfnisse ein echtes Commitment entwickeln kann. Dazu gehören Fragen wie: Wie wird er in Zukunft seine Aufgaben bearbeiten? Welche Aufgabengebiete und Herausforderungen wird er innerhalb des Unternehmens verstärkt wahrnehmen? Mit welchen Einstellungen begleitet er sinnhafte Veränderungen? Wie formuliert er seinen eigenen Fortbildungsbedarf?

Auch hier muss der Coach echte Entscheidungen einfordern und sich die formulierten Bekenntnisse sozusagen operationalisiert, also in echten Verhaltensbeispielen darlegen lassen.

Entscheidungsförderliche und handlungsleitende Fragen des Coachs

❖ Welche Anforderungen machen Sinn? Wie möchten Sie sich dazu einbringen?
❖ Wo sehen Sie ihre Potenziale für kommende Herausforderungen?
❖ Welchen Beitrag zur Kundenzufriedenheit könnten Sie leisten?
❖ Welche Arbeitsgebiete in Ihrem Bereich erfordern einen kontinuierliche Verbesserungsprozess?
❖ Welche Kenntnisse müssen Sie sich hierzu noch aneignen?
❖ Wie möchten Sie in Zukunft unsere Veränderungen begleiten? Wie zeigt sich das?

Zur Strategieentwicklung befähigen

Aus der Zusammenschau von Unternehmensidee und den unternehmerischen Rahmenbedingungen ergeben sich die Strategien zur Umsetzung der Ziele. Der Coach unterstützt den Coachee dabei, Handlungsweisen zu entwickeln, um relevante Bedingungen

(Markt, Menschen, Technologien, Werkzeuge, Gesetze, eigene Ressourcen und Potenziale) so zu nutzen und einzuplanen, dass ein größtmöglicher Erfolg im Sinne des Leitbilds sichergestellt werden kann. Daraus können dann realitätsbezogene strategische Ziele und Meilensteine entwickelt werden.

Dabei wird es in Zeiten ständigen Wandels immer bedeutsamer, nicht nur die gegenwärtige Lage zu betrachten, sondern auch Einschätzungen über zukünftige Entwicklungen vorzunehmen und in die Strategieentwicklung einzubeziehen.

Es ist nicht Aufgabe des Coachs, die Strategie zu entwerfen, sondern den Coachee dabei zu unterstützen, zukunftsorientierte Strategien zu entwickeln und alle relevanten Faktoren in seine Strategie mit einzubeziehen. Nur so wird sichergestellt, dass der Mitarbeiter auch ohne Rücksprachemöglichkeit Entscheidungen von hoher Qualität für das Unternehmen treffen kann.

> **Entscheidungsförderliche und handlungsleitende Fragen des Coachs**
>
> ❖ Welche Bedürfnisse und »Treiber« unserer Zielgruppen können wir ansprechen?
> ❖ Mit welchen Strategien können wir uns als Anbieter eine Position sichern?
> ❖ Wie möchten Sie unterschiedlichen Anforderungen des Marktes genügen?
> ❖ Was heißt das für Ihr Aufgabengebiet?
> ❖ Was hilft uns kurzfristig, was langfristig weiter?
> ❖ Woran müssen sich Ihre Entscheidungen orientieren?
> ❖ Woran erkennen Sie, dass die eingeschlagene Richtung stimmt?
> ❖ An welchen Punkten erkennen Sie, dass taktische Ziele verändert werden müssen?

Die hier getrennt voneinander besprochenen Themenbereiche werden sich in der Praxis des Coachings öfters überschneiden. Dennoch ist es wichtig, jedem behandelten Themenkomplex auch die nötige Zeit zu widmen und ihn für sich differenziert abzuhandeln.

Dennoch ergibt sich erst in der Zusammenschau, inwiefern echte *Mitgliedschaft* begründet werden konnte. Das generelle Commitment zur Organisation zeigt sich in dem Engagement, mit welchem die einzelnen Entscheidungen auch tatsächlich umgesetzt werden. Dabei wird das Ganze mehr als die Summe seiner Teile. *Mitgliedschaft* drückt sich in einen kontinuierlichen Prozess der aktiven Gestaltung und dem zielgerichteten Einsatz der eigenen Ressourcen für die Organisation aus.

Ein Modell für Professionalität

Im folgenden Schritt werden wir unser allgemeines Handlungsmodell auf das Coaching zur Professionalisierung beziehen. Wie wir bereits mehrmals betont haben, dient diese Form des Coachings dazu, das im vorhergehenden Modell als »richtig« Erkannte auch »richtig« umzusetzen. Da es hier aber um prinzipielle Kompetenzen geht, kann das Modell auch bei Mitarbeitern angewandt werden, die den vorher skizzierten Prozess nicht durchlaufen haben.

Folgende Faktoren muss die Führungskraft als Coach bearbeiten, wenn sie ihren Mitarbeiter zu voller Professionalität hin entwickeln will:

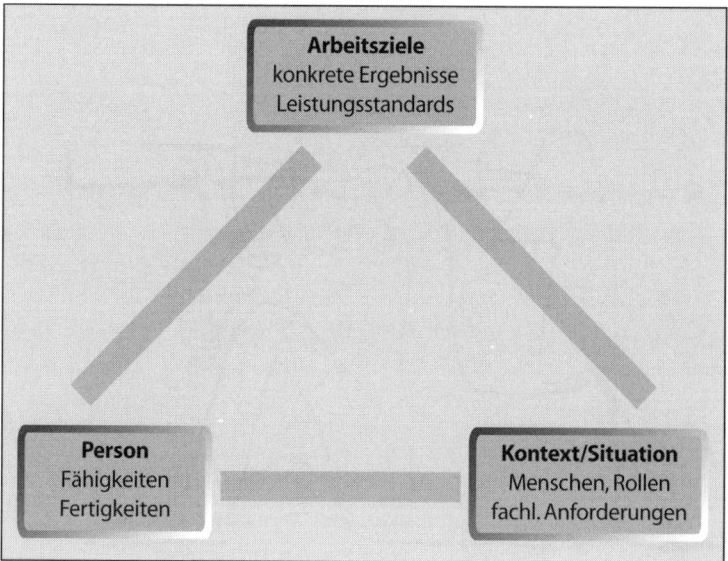

Arbeitsziele

Beim Coaching zur Professionalität geht es auf der Seite der Ziele um konkrete Arbeitsziele, zum Beispiel die Ziele eines Projektes, einer Entwicklung, einer Serviceleistung, eines Gespräches. Über Arbeitsziele haben wir in Kapitel 4 bereits ausführlich geschrieben. Zusammengefasst kann man sagen: Ziele müssen integriert, klar und attraktiv sein; das heißt, sie sollen einen Beitrag zum Gesamtziel leisten, sollen kognitiv erfasst sein und emotional energetisierend wirken.

Ein Profi kann also die Ziele seiner Handlungen klar benennen, hat eine konkrete Vorstellung vom Ergebnis und er weiß, woran er die Zielerreichung messen kann. Er löst mögliche Konflikte zwischen den verschiedenen Leistungsstandards und kann sie in ein sinnvoll ausgewogenes Verhältnis bringen. Darüber hinaus entwickelt er für seine Ziele handhabbare Teilschritte.

Aufgabe des Coachs ist, mit dem Coachee darüber zu reflektieren, welche Bedingungen einer professionellen Zielsetzung bei einer bestimmten Aufgabestellung zum Beispiel der Leitung eines Projekts er erfüllt und wo er bei der Zielvorstellung nacharbeiten muss.

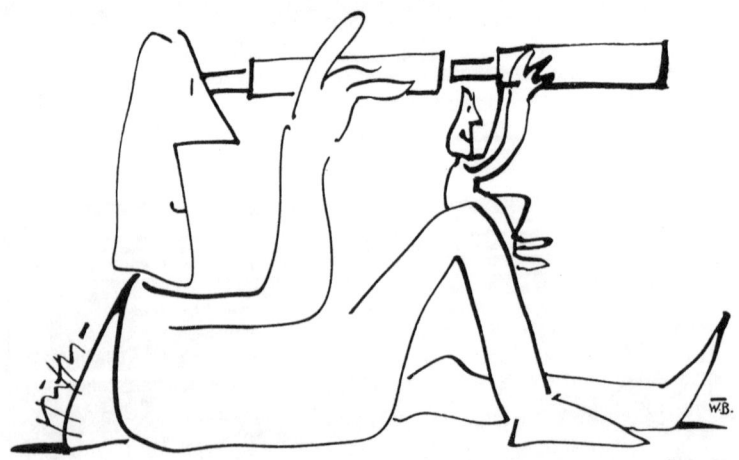

Eine häufig auftretende Schwäche bei der Präzisierung von Zielen ist dabei beispielsweise das mangelnde Verständnis für das Ausbalancieren der Leistungsstandards. Da man unmöglich alle Standards (Schnelligkeit, Qualität, Kosten, Kundenzufriedenheit) gleichzeitig optimieren kann, muss das Verhältnis (pay-off) zwischen den angestrebten Zielgrößen bewusst gesteuert werden.

Zu prüfen ist also, ob der Coachee zum Beispiel in der Lage ist, die Zielkriterien sinnvoll auszubalancieren (vgl. »balanced scorecard«, S. 54). Ein selbstständiger Mitarbeiter muss die nüchterne »Denke« der balanced scorecard verstehen und verinnerlichen, damit er sie für alle seine Vorhaben anwenden kann.

Es kann in einem Coaching-Gespräch um Projektziele gehen, aber auch darum, Ziele für ein Meeting oder einen Messeauftritt oder ein Mitarbeitergespräch zu präzisieren. Der Coach muss den Mitarbeiter natürlich auch bei der Reflexion über Arbeitsziele durch Fragen und Anregungen zu guter Zielsetzung befähigen.

Inspirierende Fragen des Coachs zur Klärung des Ziels

❖ Was genau möchten Sie erreichen? Was noch?
❖ Was ist dabei die Herausforderung?
❖ In welchem Zusammenhang stehen Ihre Arbeitsziele mit dem angestrebten Gesamtergebnis?
❖ An welchen Kriterien werden Sie Ihr Ergebnis messen?
❖ In welchem Verhältnis stehen die Leistungsstandards zueinander und wann würden Sie dies als ausgewogen betrachten?
❖ Welche Zielgröße (Ertrag, Kundenzufriedenheit, Erwerb von Know-how etc.) hat im Zweifel die höchste Priorität?
❖ Welche Teilschritte wollen Sie in welcher Zeit erreichen?

Persönliche Fähigkeiten und Fertigkeiten

In unserem Professionalitätsmodell ist ein weiterer Faktor das Repertoire an Fähigkeiten und Fertigkeiten des Coachees, denn dies bestimmt das mögliche Verhalten bei der Bewältigung einer Aufgabe. Ein Profi hat in seinem Metier in der Regel umfassende fachliche und methodische Kenntnisse und Kompetenzen und die für seinen Einsatzbereich erforderlichen sozialen Fertigkeiten. Er hält sich in seinem Arbeitsgebiet auf dem Laufenden, er kennt seinen Entwicklungsbedarf und verfügt über eine realistische Sicht der eigenen Fähigkeiten. Er weiß, für welche Aufgabenstellungen er sich grundsätzlich eignet und für welche nicht.

Im Coaching gilt es, das vollständige Profil aller aufgabenrelevanten Kenntnisse und Kompetenzen des Coachees zu erfassen. Zu analysieren ist also, inwieweit sein Verhaltensrepertoire den Anforderungen der Aufgabenstellung entspricht, wo er Stärken hat und wo seine Fähigkeiten zu komplettieren sind. Zu prüfen ist aber auch sein Eignungsprofil, ob er mehr zum Beispiel für Führungsaufgaben oder mehr für Spezialistentätigkeiten geeignet ist, also in welche grundsätzliche Richtung seine Fähigkeiten weisen.

Inspirierende Fragen des Coachs zur Erfassung der persönlichen Kompetenzen

❖ Welches Fähigkeitsprofil hat ein Profi in Ihrem Aufgabengebiet?
❖ Welche fachlichen, sozialen und methodischen Skills gehören dazu?
❖ Welche Fähigkeiten zeichnen Sie besonders aus, was macht Ihnen am meisten Spaß?
❖ Wo sind Sie in Ihrer Arbeit schon an Ihre Grenzen gestoßen?
❖ Welche konkreten einzelnen Probleme konnten Sie bisher nicht lösen, sind diese ähnlich gelagert?
❖ Wo sehen Sie Fähigkeiten, die Sie bisher noch nicht einsetzen konnten?
❖ Welche Lernpotenziale sehen Sie bei sich?

Kontext, Situation

Ein dritter Teil dieses Coaching-Gespräches befasst sich mit der Reflexion des Kontextes des Handelns. Dazu gehört die Wahrnehmung der physischen Umwelt, der technischen Gegebenheiten, der fachlichen Anforderungen der Arbeit. Dazu gehören aber auch Vorstellungen über die Bedürfnisse, Gefühle und Erwartungen anderer, die Einschätzung der Reaktionen des Umfeldes, die Erfassung eines situativen Kontextes und seiner Spielregeln, die Kenntnis von Organisationsstrukturen und Rollenanforderungen. Warum sind derart differenzierte Wahrnehmungen wichtig?

Menschen, die die Gefühle anderer nicht wahrnehmen, werden einen Preis dafür bezahlen müssen: Man wird ihnen eher mit Vorsicht, Misstrauen, Unaufrichtigkeit oder Widerstand begegnen. Menschen, die die Reaktionen ihres Umfeldes nicht einkalkulieren können, können auf unerwartete Hindernisse stoßen. Menschen, die die Spielregeln eines Kontextes nicht kennen, laufen Gefahr, sich unangemessen und auffällig zu verhalten.

Im Gespräch über die Situation hilft der Coach dem Coachee dabei, sich ein differenziertes, aber überschaubares Bild seiner Situation zu machen und zu unterscheiden zwischen beobachtbaren »Tatsachen« und subjektiven Interpretationen.

Inspirierende Fragen des Coachs zur Erfassung der Situation

❖ Welche fachlichen, technischen Anforderungen stellt die Situation?
❖ In was unterscheidet sich der Kontext der Situation von dem anderer Situationen?
❖ Welche Personen sind beteiligt und was wissen Sie über deren Fähigkeiten, Interessen, Sachzwänge und Reaktionsweisen?
❖ Welche Rollenverteilung (auch Rollenkonflikte) gibt es unter den Beteiligten?
❖ Welche Rolle nehmen Sie ein und welche Anforderungen stellt man an Sie?
❖ Welche Belastungen treten in der Situation für Sie auf?
❖ Welche förderlichen Faktoren oder Hemmnisse können auftreten?
❖ Was ist schwer kalkulierbar?

Nachdem die einzelnen Faktoren des Modells zur Professionalisierung immer aufeinander bezogen sind, wollen wir nun in einem nächsten Schritt diese Verknüpfungen besprechen. Denn es kennzeichnet einen Profi, dass er nicht nur über isolierte Fähigkeiten in den einzelnen Faktoren verfügt, sondern sie auch wirkungsvoll zueinander in Beziehung setzen kann.

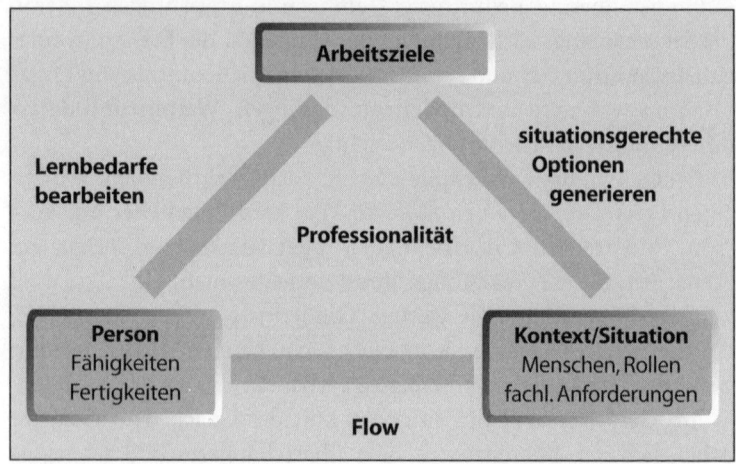

Lernbedarfe bearbeiten

Zur Professionalisierung gehört als ein wichtiger Prozess natürlich auch, arbeitsrelevante Lernbedarfe zu ermitteln und zu decken. Diese ergeben sich aus dem Abgleich zwischen den Arbeitszielen und dem Qualifikationsprofil des Coaches. Neben fachlichen Lernbedarfen zählen hierzu auch die Lernbedarfe in den Schlüsselqualifikationen der sozialen und methodischen Kompetenzen. Es gilt hier aber auch grundsätzlich zu prüfen, ob die Anforderungen zum Eignungsprofil des Coachees passen. »Traber eignen sich eben nicht als Reitpferde.«

Was also genau muss sich der Coachee aneignen, um für die Erreichung des Ziels optimal gerüstet zu sein? Wo muss er sich verbessern, welche Abläufe kann er optimieren und welche Methoden muss er sich hierzu aneignen? Idealiter blickt der Coachee dabei über die gegenwärtigen Anforderungen hinaus. Ein Fähigkeitsprofil, das vielleicht zur Bewältigung der gegenwärtigen Aufgabe gerade noch genügte, kann bei zukünftigen Herausforderungen bereits an seine Grenzen stoßen. Daher ist es sinnvoll, dezidierte Maßnahmen und Erfolg versprechende Lernschritte zu entwickeln und sozusagen das Commitment des Coachees einzuholen, sich in der Wahrnehmung dieser Lernangebote auch zu engagieren. Ein weiter gehender Schritt wäre schließlich noch das Ziel der persönlichen Weiterbildung genau zu beschreiben und zu präzisieren.

Entscheidungsförderliche und handlungsleitende Fragen des Coachs

❖ Welche fachlichen Anforderungen sind genau mit dieser Zielsetzung verknüpft?
❖ Welche sozialen und methodischen Kompetenzen benötigen Sie dazu (andere überzeugen; Sympathien gewinnen; Menschen motivieren und fördern; sich durchsetzen; Arbeit priorisieren und organisieren; Methoden einsetzen; Arbeitspakete koordinieren …)?
❖ Wo genau sehen Sie die Schwerpunkte Ihrer persönlichen Eignung?
❖ Welche Anforderungen decken Sie ab? Wo sehen Sie Lern- und Steigerungsbedarf?
❖ Wenn das Ziel noch anspruchsvoller gestellt wäre, wo konkret bekämen Sie dann am ehesten Schwierigkeiten?
❖ Auf welchem Niveau werden sich künftige Anforderungen an Sie bewegen, welche Trends sind abzusehen?
❖ Wie wollen Sie diesen Bedarf decken? Wodurch konkret?
❖ Was möchten Sie durch die Weiterbildungsmaßnahme erreichen?
❖ Wobei brauchen Sie Unterstützung? Durch wen?

Flow ermöglichen

Wenn die Anforderungen der Arbeitssituationen optimal mit den persönlichen Fähigkeiten und Fertigkeiten abgestimmt sind, kann ein Zustand entstehen, in dem man selbstvergessen aufgeht in seiner momentanen Tätigkeit. Mihaly Csikszentmihalyi (1992) hat uns mit seinem Konzept des *Flow* in einleuchtender Weise bewusst gemacht, dass das Aufgehen in einer Tätigkeit zu den glücklichsten

Momenten im Leben gehört. Dabei ist es unerheblich, um welche Tätigkeit es sich handelt, wichtig ist, dass die Anforderungen der Sache mit dem Anspruchsniveau und den Fähigkeiten des Handelnden abgestimmt sind. So kann beim Reparieren eines Fahrrades Flow entstehen, wenn Anspruch und Fähigkeiten aufseiten der Person zu den Anforderungen der Sachlage passen. Das ist der Fall, wenn die Sachlage, verglichen mit den Kompetenzen des Handelnden, nicht zu einfach und nicht zu schwierig ist und wenn der eigene Anspruch an die Qualität der Arbeit nicht zu niedrig und nicht zu hoch ist, wenn alle diese Faktoren also so aufeinander abgestimmt sind, dass bei Einsatz voller Aufmerksamkeit auf das Handeln die Bewältigung der Aufgabe voranschreitet. Dabei ist dieser Zustand gekennzeichnet durch die Abwesenheit ablenkender Gedanken an einen möglichen Misserfolg, mögliche Konsequenzen, an die Zeit, die nächste Aufgabe, die Vergangenheit, an sich selbst.

Aufgabe des Coachs ist es, gemeinsam mit dem Coachee zu explorieren, wie die konkreten Arbeitssituationen beschaffen sein müssen, damit der Coachee in seiner Arbeit aufgehen kann. Denn nur in diesem Zustand höchster Konzentration und Motivation wird wahre Exzellenz erreicht. Dabei müssen Phasen des *Flow* sich in konstruktiver Weise abwechseln mit Momenten des Reflektierens und Prüfens, ob man sich noch auf dem Weg zum Ziel befindet, damit man sich nicht völlig in der Tätigkeit verliert.

Entscheidungsförderliche und handlungsleitende Fragen des Coachs

❖ Bei welchen Aufgaben haben Sie den Ehrgeiz, es brillant zu machen?

❖ Welche Merkmale haben diese Tätigkeiten, was davon lässt sich auf die Arbeitssituation übertragen?

❖ Wann fühlen Sie sich gelangweilt, unterfordert oder überlastet?

❖ Welches Anspruchsniveau müssen Sie sich setzen?

❖ Welche Gedanken hindern Sie daran, Flow zu entwickeln, und was können Sie dagegen tun?

❖ Wann führt Sie der Flow von der Zielgeraden weg? Was können Sie tun, um Ihr Ziel nicht aus den Augen zu verlieren?

Situationsgerechte Optionen generieren

Aus der Reflexion des Kontextes, der Situation und der jeweiligen Ziele können neue, vielleicht effektivere Verhaltensweisen als die bisherigen entstehen. Die Frage ist demnach: »Entspricht das bisher gezeigte Verhalten also tatsächlich optimal den Bedingungen der Situation und ist es auch wirklich zielführend?«

Es ist hier also wichtig, dass der Coach erkennt, ob der Coachee eher zur Überanpassung tendiert und sich in seinen Möglichkeiten unnötig beschränkt oder ob er die sozialen Erwartungen an seine Person eher zu wenig berücksichtigt und mitunter »aus der Rolle fällt«. Weder das erste, die *social compliance,* noch das zweite, das *Anecken, ist längerfristig erfolgreich. Überzeugender ist es, Profil zu zeigen, die Belange anderer aber zu berücksichtigen.*

Häufig beschränken Selbstzensur und negative Annahmen die Möglichkeit, sich kreative Optionen zu erschließen. Diese Selbstbeschränkungen sind Teil des mentalen Modells einer Person und ihr in der Regel gar nicht bewusst. Whitmore (1996) empfiehlt zunächst ähnlich dem Brainstorming alle, möglicherweise auch abwegige Ideen zu Handlungen ohne Wertung oder Bewertung aufzuschreiben, um so Grenzen gedanklich überschreiten zu können. In einem zweiten Schritt muss jede Handlungsalternative hinsichtlich Kosten, Nutzen und Situationsangemessenheit überprüft werden.

Entscheidungsförderliche und handlungsleitende Fragen des Coachs

❖ Wenn Sie könnten, wie Sie wollten, was würden Sie dann in dieser Situation tun?
❖ Was haben Sie schon mit Erfolg ausprobiert? Was hatte keinen Erfolg?
❖ Was machen andere in dieser Situation? Was würde ein Laie vorschlagen?
❖ Wie können Sie andere Beteiligte nutzen, um Ihr Ziel zu erreichen?
❖ Welche Effekte würde es zeitigen wenn, Sie x, y, oder z täten?
❖ Welche Lösung erscheint Ihnen am Erfolg versprechendsten?
❖ Welche konkrete Option wählen Sie aus?

Analog zum Modell für Mitgliedschaft lässt sich in Bezug auf Professionalität sagen, dass hier die skizzierten Prozesse ineinander greifen. Erst die Bereitschaft zum ständigen Weiterlernen, das Aufgehen in der Arbeit und die Fähigkeit flexibel situationsgerechte Optionen zu generieren, kennzeichnen echte Professionalität.

Kapitel 10
Methodisches Handwerkszeug

Dieses Kapitel gibt Antworten auf Fragen wie:

❖ Warum ist die Frage der Königsweg im Coachen?
❖ Welche Arten von coachenden Fragen gibt es?

Die Kunst des Fragens

Durch unsere gesamten Überlegungen ziehen sich typische Fragen für Coaching-Gespräche. In der Tat ist die Frage die wichtigste Intervention beim Coaching. Die Frage ist das Mittel der Wahl, wenn es darum geht, das mentale Modell eines Menschen zu entwickeln. Sie kann dazu anregen, Vorstellungen zu klären und zu präzisieren, Größen in Beziehung zueinander zu setzen, neue Möglichkeiten zu ersinnen, Entscheidungen zu treffen und vergangene Handlungen auf ihre Wirksamkeit zu überprüfen.

Wir möchten drei grundsätzlich verschiedene Arten des Fragens unterscheiden, die mehr oder weniger typisch für Coaching-Gespräche sind:

❖ **Spiegelnde Fragen:** Dies sind Fragen, die das Gesagte noch einmal zusammenfassen und wiedergeben.
Beispiel: »Sie sagten also, am wichtigsten seien Ihnen die Kontakte mit Kunden?«, oder: »Habe ich Sie richtig verstanden, dass das Unangenehme an dieser Arbeit die physischen Belastungen sind?« Diese Fragen sind aus der Schule der non-direktiven Gesprächsführung bekannt und werden beim »Aktiven Zuhören« eingesetzt. Sie dienen der Überprüfung, ob der Gefragte seine Überlegungen und Empfindungen zu einer Sache selbst richtig

erfasst hat bzw. ob ihn der Frager richtig verstanden hat. Der Frager hält sich weitestgehend mit eigenen Bewertungen und Einordnungen zurück; er lässt in großem Maße offen, in welche Richtung sich das Gespräch weiterentwickelt. Die spiegelnde Frage gehört zum grundlegenden Rüstzeug eines guten Kommunikators, verhilft sie doch dazu, dass der Frager die Vorstellungen seines Gesprächspartners besser versteht. Das »Aktive Zuhören« ist ein Grundbestandteil des Coachings.

❖ **Informationsfragen:** Dies sind Fragen, mit denen der Frager Informationen gewinnen will. Er möchte *sich selbst* ein Bild einer Situation machen, um eigene Handungsstrategien oder Ratschläge daraus ableiten zu können. Diese Art der Frage ist typisch im Beratungsgespräch. Sie setzt voraus, dass der Frager ein Expertenmodell hat und aus den Bausteinen an Informationen, die er sich erfragt, eine Problemdiagnose ableiten kann.
Beispiel: »Wo genau haben Sie den Schmerz? Ist er eher dumpf oder stechend?«

Diese Fragen sind gerade nicht typisch für das Coaching-Gespräch, denn sie lassen den Gefragten in einer eher passiven Rolle. Manchmal werden solche Fragen auch aus Neugier gestellt – ein Motiv, das vielleicht verständlich ist, aber mit Coaching nichts zu tun hat.

❖ **Inspirierende Fragen:** Inspirierende Fragen sollen den Gefragten dazu anregen, sein mentales Modell zu erweitern. Sie sind die typischen Coaching-Fragen. Sie zielen darauf ab, Denkprozesse in Gang zu setzen, die die Voraussetzung für entschiedenes und zielgerichtetes Handeln bilden.

Dabei benötigt der Coach ein Konzept erfolgreichen Handelns, wie wir es in unserem Modell erfolgreicher Mitgliedschaft und Professionalität angeboten haben.

Coachende Prozessfragen kann man folgendermaßen einsetzen:

❖ **Aufmerksamkeit lenken und Bewusstsein schärfen für erfolgsrelevante Faktoren, die bisher zu wenig bedacht wurden.**
»Welche Gegner haben Sie in dieser Angelegenheit?«
»Welche Erfolge haben Sie schon erzielt?«
»Wie werden sich die Mitbewerber für den neuen Markt rüsten?«
»Was glauben Sie dafür investieren zu müssen?«

❖ **Perspektivwechsel forcieren, wenn der Coachee dazu selbst nicht in der Lage ist.**
»Wie sehen Ihre Kollegen dieses Projekt?«
»Welchen Stellenwert hat dieses Problem für das Erreichen der längerfristigen Organisationsziele?«
»Was werden die Mitarbeiter über diesen Schritt denken, welches Gefühl werden sie haben, wenn sie dies erfahren?«

❖ **Größen abgleichen, Unterschiede wahrnehmen helfen.**
»Was liegt Ihnen mehr, das Telefonieren oder das Gespräch von Angesicht zu Angesicht?«
»Was ist der unangenehmere Konflikt, der mit der Entwicklungsabteilung oder der mit dem Kunden?«
»Wenn Sie sich eine Skala von zehn Punkten vorstellen, wo lag der Teamgeist zu Anfang des Projektes, wie hoch würden Sie ihn heute bewerten?«
»Was ist wichtiger, die Lieferfähigkeit oder die Entlastung des Lagers?«

❖ **Voraussetzungen einführen, die zu neuen Denkmustern inspirieren.**
»Stellen Sie sich vor, wir würden das Produkt für Kinder entwickeln, worauf müssten Sie dann achten?«
»Wie machen Sie das, dass Sie immer in Zeitverzug kommen?«
»Wer profitiert von der gegenwärtigen Problemlage?«

❖ **Entscheidungen herbeiführen, Commitment prüfen.**
»Welche Lösung gefällt Ihnen besser?«
»Was können Sie mit mehr eigener Überzeugung vertreten?«
»Haben wir alle relevanten Faktoren bedacht oder fehlt noch etwas?«

»Was wollen Sie wirklich?«

»Was wird Ihr erster Schritt zur Umsetzung sein?«

»Was könnte Sie noch davon abhalten, Ihre Entscheidung umzusetzen?«

❖ **Handlungssteuernde Fragen.**

»Worauf wollen Sie bei der Umsetzung Ihre Aufmerksamkeit richten?«

»Was möchten Sie sich vor Augen führen, wenn Sie Zweifel am Erfolg bekommen?«

»Woran wollen Sie denken, wenn Sie auf ein Hindernis stoßen?«

»Was wollen Sie tun, wenn andere Ihre Entscheidung infrage stellen?«

»Wie wollen Sie verhindern, von Ihren Vorhaben abgelenkt zu werden?«

Wir haben hier noch einmal kurz sechs Fragetypen angesprochen, um das Feld der grundsätzlichen Fragemöglichkeiten anzudeuten, mit denen die Elemente und Prozesse der Mitgliedschaft und der Professionalisierung exploriert und angestoßen werden können. Anregungen zu prozesssteuernden Fragen gibt es in großer Zahl in den systemischen Ansätzen der Einzel- und Organisationsberatung (zum Beispiel Simon/Rech-Simon 1999), kreative und inspirierende Fragen kann man auch aus den lösungsorientierten Ansätzen der Kurzzeittherapie ins Coaching übertragen (zum Beispiel de Shazer 1997).

Kapitel 11
Indikationen für Coaching

Dieses Kapitel gibt Antworten auf Fragen wie:

❖ Wann soll die Führungskraft als Coach aktiv auf einen Mitarbeiter zugehen?
❖ Welche Unternehmenssituationen bringen einen Coachingbedarf mit sich?
❖ Welche Reaktionen aufseiten des Mitarbeiters signalisieren einen Coachingbedarf?
❖ Muss ein Coach ein Coaching unbedingt ankündigen?

Die wichtige Aufgabe des Coaching geht im täglichen Geschäft oft unter. Dringende Erledigungen, Krisen, Konflikte und kurzfristige Abstimmungsbedarfe bekommen Vorrang. Verglichen mit diesen Tätigkeiten gehört das Coaching zu den nicht so dringlichen, jedoch sehr wichtigen Tätigkeiten. Covey spricht bei dieser Art von Aufgaben von den so genannten »Quadrant II«-Aufgaben und legt dar, dass sich erfolgreiche Manager gerade auf diese Aufgaben konzentrieren (Covey 1994). Ziel solcher Aufgaben ist es, Ressourcen anforderungsgerecht und nachhaltig aufzubauen. Für die meisten Manager ist die Bedeutung dieser Aufgaben durchaus einsichtig, trotzdem fällt das Coaching häufig hinter die kurzfristige Problembeseitigung zurück. Man vermeidet längere Auseinandersetzungen mit Mitarbeitern, tut ihre Anliegen kurzfristig ab, rechtfertigt und beschwichtigt oder hält Diskussionen mit guter Rhetorik nieder. Lassen sich Konflikte nicht mehr übersehen und zeigen sie sich bereits in Motivationsverlust und Einzelkämpfertum, dann werden Trainer engagiert, um die Mannschaft wieder »flott« zu machen. Sinnvoller und ökonomischer ist es jedoch, wenn Führungskräfte selbst vorausschauend aktiv werden oder zeitnah reagieren.

Unterscheidung zwischen proaktivem und reaktivem Coaching

Wir möchten bei der Betrachtung der Indikationen für Coaching zwischen einem vorbeugenden (proaktiven) Coaching und einem kurierenden (reaktiven) Coaching unterscheiden. Proaktives Coaching ist im Vorfeld bestimmter Maßnahmen und Veränderungen indiziert. Reaktives Coaching ist dagegen die Antwort auf bereits auftretendes problematisches Verhalten.

Anlässe für proaktives Coaching

Zielvereinbarung

Bevor man mit Mitarbeitern Zielvereinbarungsgespräche führt, ist es sinnvoll, mit ihnen grundsätzlich über Unternehmensstrategien, Zielideen, Zielkorridore und Visionen zu diskutieren. Ein frühzeitiges *Coaching zur Mitgliedschaft* aktiviert die Mitarbeiter zum Nachdenken über eigene Beiträge, schafft Gemeinsamkeiten, stimuliert ein konstruktives Ringen, wo sonst vermeintlich unterschiedliche Interessen in zähe, ungeliebte Zielverhandlungen münden.

Folglich hat es im Zielvereinbarungsgespräch diejenige Führungskraft leichter, die bereits in früheren Gesprächen Sinn und Verständnis unternehmerischer Zusammenhänge gestiftet hat.

Neue Mitarbeiter

Ein weiterer Anlass zum proaktiven Coaching ist die Einstellung neuer Mitarbeiter. Es genügt unseres Erachtens nicht, den Mitarbeiter in seinen Aufgabenbereich einzuarbeiten und fachliche Lücken zu schließen. Ebenso ist es erforderlich, dem neuen Mitarbeiter das Unternehmensleitbild und die Leitlinien der Zusammenarbeit zu vermitteln, die Erfolgsfaktoren darzulegen und die gegenseitigen Erwartungen auszutauschen. Der neue Mitarbeiter wird damit gewürdigt und integriert. Er erfährt, was erwünscht ist, bevor er schlechte Praktiken anderer übernimmt. Kurz nach der Einstellung sind Mitarbeiter hoch motiviert und aufnahmebereit. In dieser Phase kann der Vorgesetzte die Energie des Mitarbeiters aufgreifen und auf den Zweck der Organisation ausrichten. Bereitschaft zum Mitdenken, Sorgfalt und Verantwortungsgefühl werden so gesteigert. Viele Unternehmen reagieren auf diesen Bedarf mit dem Angebot von »Introduction«-Seminaren und stecken viel Zeit und Energie in das Verfassen von Mitarbeiterhandbüchern, die neben den Rechten und Pflichten des Mitarbeiters auch Unternehmensrichtlinien, Werte und Handlungsanweisungen für die Lösung von Konflikten erläutern. Allzu oft werden solche Bemühungen durch zu wenig Zeit und operative Hektik im Tagesgeschäft konterkariert. Die Leitlinien geraten in Vergessenheit. »Welcome in the world of reality« steht dann häufig über dem Arbeitsalltag, der die Neuen nach dem Einführungsseminar erwartet.

Allgemeine Zufriedenheit

Das Gleichnis vom gekochten Frosch (Senge 1996) weist auf eine dritte Indikation für proaktives Coachen hin. Stellt sich nach einer längeren Phase der Erfolge eine saturierte Zufriedenheit ein, so ist dies ein Warnsignal, das nicht übersehen werden sollte, will man die Zukunft des Unternehmens nicht gefährden. Die arrogante Abkoppelung vom Markt bedroht die Existenz des Systems. Viele namhafte Unternehmen haben dies nach einer längeren Phase des Erfolgs schon erlebt, nicht alle haben es überlebt.

Innovationen

Gleiches gilt für die Förderung von Innovationen. Der Coach muss intervenieren, wenn die Mitarbeiter bei funktionierender »cash-cow« versäumen, sich um das »cash-calf« zu kümmern, das für eine prosperierende Zukunft benötigt wird. Dies gilt umso mehr, als sich die Produktlebenszyklen weiter verkürzen. Den Blickwinkel der Mitarbeiter rechtzeitig auf Innovationserfordernisse zu richten und entsprechende positive Impulse zu setzen ist hier die Idee und Zielrichtung von proaktivem Coachen.

Veränderungen

Proaktiv zu werden, gilt es auch bei sich abzeichnenden Veränderungen, sei es, dass sie den Aufbau der Organisation betreffen, sei es, dass sie sich auf Arbeitsinhalte oder -prozesse beziehen. Nicht die technischen Anpassungen sind dabei das Problem, sondern die Veränderungen, die im Kopf stattfinden müssen. Widerstand gegen Veränderungen – eine allen Lebewesen zutiefst eigene Reaktionstendenz – wird geringer, wenn es gelingt, deren Sinn und Zweck aus den Interessen der stake-holder heraus zu begründen und ihre (Über-)Lebensnotwendigkeit zu verdeutlichen. Coaching hat hier das Ziel, Freunde und Förderer der Veränderungen zu gewinnen, und geschieht im Dialog über den Wert und die Chancen sowie über die konkreten Ausgestaltungen der Veränderung. Gerade bei der Einführung von Veränderungen wird das Motto: »Betroffene zu Beteiligten machen« noch viel zu selten realisiert.

»Lange Leine« und virtuelle Teams

Eine weitere Indikation für proaktives Coachen entsteht, wenn Führungskraft und Mitarbeiter räumlich und zeitlich voneinander entfernt arbeiten, wenn also kurzfristige Absprachen und Kontrollen nicht möglich sind. Unter den Bedingungen von Dezentralisierung und Globalisierung wird dies immer mehr zur Regel. Personale Führung muss hier durch symbolische Führung ersetzt werden. Verinnerlichte Leitideen, die eine Selbststeuerung der Mitarbeiter ermöglichen, sind zum Beispiel bei virtuellen Teams von zentraler Bedeutung. »In der Entfernung besteht die einzige Kontrolle in jener, die ihre Mitarbeiter über sich selbst ausüben«, schreibt J. Kostner in ihrem Buch »König Artus und die virtuelle Tafelrunde«. Hierzu ist es nötig, ein klares, verständliches intellektuelles Band zu knüpfen, ein positives, emotionales Band zwischen den Menschen herzustellen und eine Leitidee zu entwickeln, an der sich die Mitarbeiter täglich orientieren können (Kostner 1998).

Dabei ist zu bedenken, dass virtuelle Teams nur der Kulminationspunkt einer Entwicklung sind, die schon durch den Trend zum »Lean Management« eingeleitet wurde. Es geht hier um die Übernahme immer größerer Verantwortungsbereiche durch die Mitarbeiter, immer komplexere Anforderungen, die bei »längerer Leine« intelligent zu bewältigen sind. Die Qualität eines Mitarbeiters ist dann gleichbedeutend mit seinem Verständnis für unternehmerische Zusammenhänge, seiner Verantwortungsbereitschaft und seiner Professionalität in unterschiedlichsten Kontexten.

Erweiterter Aufgabenbereich

Gute Mitarbeiter werden häufig befördert, erfahren eine Ausdehnung ihres Verantwortungs- und Kompetenzbereiches, bekommen Führungsaufgaben. Nicht selten werden sie darauf nicht vorbereitet, obwohl für die neue Aufgabe mehr als die Ausweitung ihrer fachlichen Expertise erforderlich ist. Hier sind in der Regel neue Schlüsselqualifikationen gefordert, deren Erwerb oft dem Zufall überlassen bleibt. Junge Teamleiter erhalten häufig keine Anleitung zur Führung ihrer Mitarbeiter, Spezialisten, die beim Kunden präsentieren müssen, werden auf diese Anforderungen oft nicht vorbereitet. Gerade hier wäre es sinnvoll und planbar, Mitarbeiter im Vorfeld zu coachen, damit sie ihre neue Aufgabe von Anfang an sicher bewältigen können.

Anlässe für reaktives Coaching

Reaktives Coaching ist immer dann angezeigt, wenn eine Diskrepanz zwischen den kommunizierten Erwartungen des Vorgesetzten und der Leistung und Einstellung seines Mitarbeiters festzustellen ist. Auf solche Schwächen in der Performanz, und dabei verstehen wir darunter sowohl die Verfehlung eines »harten« Zahlenziels als auch Mängel in »weichen« Kriterien, zum Beispiel denen der Zusammenarbeit, muss die Führungskraft reagieren.

Zunächst muss abgeklärt werden, ob ein Mangel an Absprachen vorlag, die Ziele unrealistisch waren, von falschen Voraussetzungen ausgegangen wurde, bislang keine Konsequenzen auf das Erreichen bzw. Nichterreichen der Ziele folgten oder die Ressourcen unzureichend waren. Kommt so eine Ursache für schwache Leistung infrage, so ist zunächst kein aufwendiges Coaching erforderlich. Spätestens dann, wenn einfache Interventionen ohne längeren Effekt bleiben, erscheint ein tiefer gehender Prozess der Klärung der Ursachen notwendig.

Sobald Mängel in der Professionalität oder der Leistungsbereitschaft des Mitarbeiters erkennbar sind, müssen personenbezogene Entwicklungsmaßnahmen ergriffen werden.

Aus der Vielzahl möglicher persönlicher Defizite möchten wir einige beispielhaft herausgreifen, bei denen unserer Ansicht nach *Coaching zur Professionalisierung* das effektivste Mittel darstellt:

❖ Unfähigkeit, Ziele in Meilensteine zu unterteilen,
❖ Verzettelung in unwichtigen Aktivitäten,
❖ große Abweichungen zwischen Selbst- und Fremdbild mit der Folge, die Wirkung des eigenen Verhaltens auf andere falsch einzuschätzen,

❖ zu wenig Initiative bei der eigenen Weiterentwicklung,
❖ schematisches, unflexibles Vorgehen,
❖ inadäquates Kommunikationsverhalten,
❖ Überanpassung an Konventionen,
❖ ungeschicktes Führungsverhalten,
❖ Perfektionismus zulasten von Schnelligkeit,
❖ schlechte Kooperation mit Schnittstellen.

Diese Beispiele sind typische Indikationen zum Coaching; bloßes »Sagen« oder Tipps und Ratschläge helfen hier in der Regel nicht weiter, da sie das mentale Modell des Mitarbeiters nicht berücksichtigen, nicht an seiner Logik anknüpfen und keine wirklich neuen Einsichten vermitteln.

Andere kritische Einstellungen und Verhaltensweisen, die einer Intervention bedürfen, indizieren dagegen ein *Coaching zur Mitgliedschaft.*

Mangelnde Veränderungsbereitschaft

Veränderungen werden nur widerwillig akzeptiert, negativ kommentiert oder gar sabotiert. Der Mitarbeiter blockiert Innovationen durch Aussitzen und konzentriert sich darauf, Risiken zu vermeiden. Dabei hat er zum Beispiel die ausgesprochene oder unausgesprochene Einstellung: »Das ist jetzt die dritte Reorganisation, die werden wir auch noch überstehen.«

Veränderung wird als Willkürakt zum Schaden der Mitarbeiter erlebt: Man hört Aussagen wie: »Ich glaube, die da oben spinnen.«, oder: »Dann hole ich eben heraus, was herauszuholen ist.«

Es ist manchmal schwierig abzugrenzen, inwiefern echte Sinnfragen Ursachen solchen Verhaltens sind oder ob die Angst dahinter steht, zukünftigen Anforderungen nicht zu genügen. In jedem Fall ist es im Unternehmensinteresse wichtig, die Symptome ernst zu nehmen, die Ursachen zu klären und dann geeignete Interventionen zu wählen.

Mangelnde Identifikation mit den übernommenen Aufgaben

Hier fehlt es am rechten Engagement in der täglichen Arbeit. Aufgaben werden zwar übernommen, jedoch nicht mit »Liebe« ausgeführt. Der Mitarbeiter zeigt wenig Sorgfalt im Detail, ist mit Durchschnittlichkeit zufrieden. Er interessiert sich nicht für den »State-of-the-art« in seinem Aufgabenbereich, recherchiert nicht, was Mitbewerber tun, beschränkt sich in seiner Kenntnis auf die eigenen Produkte. Er strebt nicht nach Einmaligkeit und gibt sich mit »Me-Too«-Aktivitäten zufrieden. Ziele sollen für ihn bequem zu erreichen sein, Zielvereinbarung ist eher ein Abwehrkampf.

Natürlich können auch hinter einzelnen solcher Verhaltensweisen Faktoren des Nicht-Wissens oder Nicht-Könnens stehen. Sind jedoch mehrere dieser Phänomene beobachtbar, so ist zu vermuten, dass dem Mitarbeiter ein Anreiz aus der Sache heraus fehlt.

Anzeichen von Arbeitssucht

Wenn der Vorgesetzte bemerkt, dass der Mitarbeiter nichts anderes mehr als Arbeit kennt, dass er kein Leben außerhalb der Organisation hat, ist es ebenfalls Zeit einzuschreiten, bevor der Mitarbeiter »ausgebrannt« ist (das Burn-out-Syndrom aufweist) und/oder in seiner Leistungsfähigkeit erschöpft ist.

Mangelndes strategisches Denken

Der Mitarbeiter setzt sich falsche Ziele, trifft falsche Entscheidungen, investiert seine Energie in wenig Erfolg versprechende Strategien. Er versteht zu wenig von den Zusammenhängen zwischen Kundeninteressen, Marktgeschehen und dem eigenen Portfolio. Er geht aus von der Annahme einer statischen Welt, er nimmt keine Chancen wahr und trifft keine Präventivmaßnahmen für Veränderungen in seinem Markt. Er reagiert auf Veränderungen nicht mit einer Überarbeitung seiner Pläne und Prioritäten, sondern verstärkt allenfalls obsolet gewordene Aktivitäten.

Er nimmt seine Ermächtigung nicht wahr und wartet bei Veränderungen auf ausdrückliche Genehmigung zum Handeln. Er hat kein Gespür für richtige Zeitpunkte, analysiert zu lange oder zu wenig, verschleppt Entscheidungen oder wird ohne Umsicht aktiv. Er betreibt zu wenig strategische Mitarbeiterentwicklung und entwickelt Potenziale nicht.

Schlechtes Vorbildverhalten für andere

Der Mitarbeiter gibt ein schlechtes Beispiel ab für die Umsetzung der Unternehmenswerte. Er spricht mit Mitarbeitern oder Kollegen negativ über das Unternehmen, anstatt diese Debatten mit Vorgesetzten zu führen. Er klagt und weint sich an der falschen Stelle aus. Natürlich sind die beschriebenen Phänomene nur eine Auswahl. Wir wollen mit dieser Auswahl dafür sensibilisieren, dass diese und ähnliche Beobachtungen eine Intervention des Vorgesetzten erforderlich machen. In einem ersten Gespräch kann dann abgeklärt werden, ob der Mitarbeiter notwendige Sinnzusammenhänge nicht herstellen kann, oder ob er eher einen Mangel im Repertoire professioneller Verhaltensweisen hat.

Bemerkungen zu formalen Aspekten

Wie muss nun ein solcher Coachingprozess formal gestaltet sein? Welche zeitliche Investition bedeutet er, wann würde man eigentlich von Coaching sprechen?

Coaching ist eher eine Grundhaltung, ein Rollenverständnis der Führungskraft und charakterisiert einen inhaltlichen Prozess, weniger eine formale Vorgehensweise. Immer dann, wenn eine Führungskraft durch intensive Auseinandersetzung, klärende und aufmerksamkeitssteuernde Fragen, anregende Prozessfragen etc. Denkanstöße vermittelt und am Ende beim Gecoachten Handlungsbereitschaft und Ideen für sinnvolle konkret durchführbare Aktionen vorhanden sind, sprechen wir von Coaching oder im erweiterten Sinn von coachender Grundhaltung.

Die formale Gestaltung – also der zeitliche Rahmen, das allgemeine »Setting«, die Verwendung eines Coachingvertrags – ist dem untergeordnet. Coaching kann implizit vonstatten gehen, das heißt, ohne dass es offiziell als solches bezeichnet wird. Es kann auch explizit als regelrechtes Projekt der Mitarbeiterentwicklung definiert sein. Die Art und Weise wird von der Komplexität des Problems, der vermutlichen Dauer des Lernprozesses, der Problemlösungskompetenz der beiden Akteure sowie deren Kontakt zueinander bestimmt.

Es ist jedoch in der Regel ein Zweiergespräch mit ausreichend Zeit, ein Problem differenziert zu reflektieren, Fragen und Einwände gründlich zu behandeln und adäquate Handlungsschritte zu entwickeln.

Kapitel 12
Voraussetzungen und Grenzen des Coachings

> **Dieses Kapitel gibt Antworten auf Fragen wie:**
>
> ❖ Welche Einstellungen und Grundhaltungen kennzeichnen einen guten Coach?
> ❖ Welche Erfahrungen und Kenntnisse muss ein Coach haben?
> ❖ Ist das persönliche Verhältnis zwischen Coach und Coachee von Bedeutung?
> ❖ Wann macht Coaching wenig Sinn?

Voraussetzungen auf Seiten des Coachs

Motivation und Gesinnung

Allererste Voraussetzung aufseiten des Coachs ist es, dass er Befriedigung darin findet, sich auf andere Menschen einzulassen und sich mit ihren Vorstellungen, Gedanken und Gefühlen eingehend zu beschäftigen. Eine keineswegs selbstverständliche Bedingung, sind doch die meisten Führungskräfte in erster Linie fachlastig ausgebildet und damit häufig auf die technische Seite ihrer Tätigkeit ausgerichtet. Des Weiteren muss er Interesse für andere Sichtweisen als die eigenen haben und diese tolerieren können. Respekt vor der Meinung anderer ist eine der Grundideen im Coaching, nur so können mentale Modelle überprüft und ergänzt werden. Bayer spricht in diesem Zusammenhang von Coaching als Gesinnung (Bayer 1995).

Viel Geduld ist erforderlich für die möglicherweise mühsamen Klärungsprozesse und gedanklichen Umwege des Coachees. Doch gilt auch hier: Nur was er selbst erarbeitet hat, wird von ihm auch motiviert umgesetzt. Natürlich muss ein Coach ein positives Menschenbild besitzen, denn auch die Erfolgserwartung gehört zu einer konstruktiven Coaching-Motivation. Ohne Zutrauen in einen fruchtbaren Selbstentwicklungsprozess des Coachees sollte man nicht als Coach agieren.

Ein professioneller Coach reflektiert über die eigenen Motive für das Coaching. Er weiß, welche Hoffnungen er damit für sich selbst verbindet. Er kann einschätzen, was ihm Wichtigkeit und Anerkennung bedeuten. Er überprüft kritisch seine (vordergründigen) Ziele, gesteht sich auch persönliche Anreize zu, hinterfragt aber deren Wirkung auf den Prozess.

Normalfall dürfte sein, dass eine Führungskraft als Coach ein starkes Eigeninteresse an bestimmten Ergebnissen des Coachings hat, sich zum Beispiel schnell umsetzbare Effekte oder die Übernahme eines bestimmten Veranwortungsbereichs durch den Coachee erhofft. Hier ist der Vorgesetzte Diener zweier Herren. Eine konstruktive Balance zu halten zwischen schneller »Verwertbarkeit« und selbst gesteuerter Entwicklung des Mitarbeiters ist eine der großen Herausforderungen an Führungskräfte. Es bedarf eines hohen Maßes an Selbststeuerung und Frustrationstoleranz, um das übergeordnete Ziel, nämlich die Befähigung des Mitarbeiters zu eigenverantwortlichem Handeln tatsächlich in den Vordergrund zu stellen.

Manche Autoren (zum Beispiel Loos 1997) sprechen hier von einem »unmöglichen Auftrag«. Für sie ist dieser Interessenskonflikt nicht lösbar. Unserer Ansicht nach ist Transparenz und Offenheit aufseiten des Coachs eine Möglichkeit, dennoch einen konstruktiven Dialog aufzusetzen. Das tabufreie Gespräch über diese Rahmenbedingungen kann eine vertrauensvolle neue Basis ergeben oder zur Entscheidung führen, diesen Prozess nicht miteinander weiterzuführen.

Glaubwürdigkeit

Vor allem auf der Ebene des Coachings zur Klärung des Engagements kommt der Glaubwürdigkeit der Führungskraft zentrale Bedeutung zu. Ein guter Coach handelt auf der Basis derselben Werte, die er von seinem Team erwartet. Dabei muss erkennbar sein, inwiefern er abgewogene managerielle Entscheidungen trifft, die auch den Wertpositionen innerhalb der Organisation entsprechen. Er ist sich bewusst, dass jedes Verhalten von anderen beobachtet und bewertet wird.

Vor allem in Konfliktsituationen wird sein Verhalten auf den Prüfstand gestellt. »Predigt Wasser, trinkt selbst Wein« ist wohl die denkbar schlechteste Einschätzung aufseiten der Mitarbeiter, um in einen solchen Klärungsprozess einzutreten.

Vorbild und inspirierender Impulsgeber ist nur die Führungskraft, die ethische Standards auch gegen mögliche Widerstände und sich daraus ergebende »Kosten« einhält und Opfer dafür zu bringen bereit ist. Es geht dabei nicht um den »Heldentod«, es muss vielmehr deutlich werden, dass nicht Opportunismus Leitlinie des Verhaltens ist.

Eine glaubwürdige Führungskraft hat selbst Lern- und Klärungsprozesse durchlebt und kann über eigenes Lernen und eigene Fehler unbefangen sprechen. Modell kann nur sein, wer noch ein gewisses Maß an Ähnlichkeit zum Lernenden aufweist, also selbst Beschränkungen eingesteht und nicht perfekte Abläufe in seiner eigenen Biografie schildert. Kritisches Hinterfragen durch den Mitarbeiter veranlasst den Vorgesetzten unter Umständen auch, sein eigenes Verhalten nochmals einer ernsthaften Reflexion zu unterziehen, er kann also auch seine Coaching-Bemühungen mit Selbstkritik betrachten.

Nicht zuletzt wird ein guter Coach auch innerhalb des Coaching-Prozesses seine Absichten und Ziele benennen und ohne so genannte »hidden agenda« arbeiten, das heißt, er betreibt eine weitgehend offene Informationspolitik.

Selbsterfahrung und psychologische Fertigkeiten

Ein qualitativ hochwertiges Coaching setzt voraus, dass der Coach seine eigenen Stärken und Schwächen kennt. Er bemerkt, wenn er in wenig hilfreiche Muster verfällt, zum Beispiel zu viel selbst redet, und kann dann gegensteuern. Er hat keine Angst vor kompetenten und kritischen Mitarbeitern. Er ist sensibel für seine eigenen Emotionen, zum Beispiel wenn er sein Gegenüber nicht ausreichend akzeptieren kann, um dessen Eigenentwicklung zu unterstützen oder wenn er in Konkurrenz zu seinem Coachee tritt und ihn belehren will. Er trennt zwischen seinen eigenen Sichtweisen und denen seines Gegenübers und ist sich bewusst, dass eigene Wertvorstellungen und Erfolgsrezepte nicht auf einen anderen übertragbar sind.

Ein professioneller Coach sollte darüber hinaus über ein gewisses psychologisches Grundverständnis verfügen und Grundbegriffe über das Funktionieren menschlichen Handelns und Fühlens haben. Er verfügt selbstverständlich über Grundfertigkeiten der Kommunikation, kann also aktiv zuhören, kann über Gefühle sprechen und modellgeleitete Fragen stellen.

Grenzen des Coachings

Der Einsatz des Coachings hat Grenzen, die sich aus unterschiedlichen Umständen ergeben können.

Grenzen in der Organisation

Nachdem wir bereits in Teil I, Kapitel 2 ausführlich auf die Rahmenbedingungen einer Organisation zum Thema »Führen mit Zielen und Coaching« eingegangen sind (s. Fazit S. 37), hier nur kurz und zusammenfassend die wichtigsten Faktoren, die die Umsetzung des Konzepts infrage stellen bzw. unmöglich machen:

- ❖ Es gibt kein definiertes Leitbild und keinen formellen Rahmen, den Auftrag und Zweck der Organisation mit den Mitarbeitern zu klären.
- ❖ Zielentwicklung und Zielfestlegung ist ausschließlich ein Topdown-Prozess und »Shareholder-Value« ist dabei die einzige Orientierungsgröße.
- ❖ Mitarbeiterentwicklung wird nicht positiv sanktioniert, sie unterliegt dem Primat ausschließlich zahlenorientierter Führung.
- ❖ Die Führungskraft bekommt keine Unterstützung bei der Lösung des grundsätzlichen Konflikts, einerseits Druck ausüben zu müssen, andererseits für entspannte Coaching-Bedingungen verantwortlich zu sein.

Grenzen bei den Beteiligten

Grenzen aufseiten des Coachs

Coaching ist dann obsolet, wenn die Führungskraft sich nicht in der Lage sieht, ihren Mitarbeiter durch solch einen komplexen Prozess »durchzulotsen«. Es ist ausgesprochen schwierig, die »weiche« Methode des Eingehens auf den Mitarbeiter mit »harten« Erfordernissen zu verbinden. Hieraus können berechtigte Vorbehalte gegenüber den eigenen Fähigkeiten entstehen. Aber auch Zweifel an der Loyalität des Mitarbeiters zu ihm oder persönliche Schwierigkeiten mit der Person des Mitarbeiters lassen ein Coaching zumindest in dieser Konstellation wenig sinnvoll erscheinen, ist doch ein vertrauensvoller – zumindest unbelasteter – Kontakt hierzu notwendige Basis.

Nicht zuletzt, wenn der Coach mit sich selbst Probleme hat, sei es, dass zum Beispiel seine Position zur Firma ungeklärt ist, sei es, dass er in privaten Schwierigkeiten steckt, ist er außerstande, dem Coachee seine ganze Aufmerksamkeit zu widmen.

Eine weitere Einschränkung, nämlich das Zeitproblem, wollen wir jedoch nur begrenzt gelten lassen. Es gibt sicher Situationen, in denen Coaching aufgrund von Anspannung und Zeitdruck nicht indiziert ist, braucht es doch Ruhe und eine entspannte Haltung. Grundsätzlich gehören aber Mitarbeiterentwicklung und Coaching zu den wichtigsten Führungsaufgaben und es rächt sich, wenn dafür keine Zeit investiert wird.

Grenzen auf Seiten des Coachees

Kontraindiziert ist Coaching dann, wenn der Mitarbeiter weder Leidensdruck noch Ehrgeiz hat, sich zu entwickeln. Manchmal empfindet oder gestattet sich der Coachee keinen Leidensdruck, auch wenn andere ein Problem deutlich zu erkennen glauben. Hier nutzen dann Motivation und Ambition des Umfelds wenig. Eine Grundvoraussetzung dafür, dass man von Coaching sprechen kann bzw. dass die als Coaching bezeichneten Interventionen erfolgreich sein können, ist die Freiwilligkeit beider Partner. Natürlich sind auch Misstrauen und Konkurrenz mit dem Coach häufig ein Grund, dass ein Mitarbeiter ein Coaching-Angebot ablehnt. Oft besteht kein ausreichendes Vertrauen, was die Sanktionsfreiheit seiner Gedanken und Gefühle betrifft. Manchmal kann jedoch ein vertrauensförderndes und klärendes Vorgespräch Abhilfe schaffen.

Wichtige Voraussetzung für Coaching ist natürlich auch ein bestimmtes Maß an Reflexionsvermögen aufseiten des Mitarbeiters, da durchaus komplexe Zusammenhänge diskutiert werden. Ist sein

Reifegrad sehr niedrig, kann ihn Coaching überfordern. Instruktionen oder Anweisungen wären dann geeignetere Führungsmaßnahmen.

Nicht zuletzt ist Coaching dann ein untaugliches Mittel, wenn massive psychische Probleme des Mitarbeiters Hintergrund für Arbeitsmängel sind. Davon sprechen wir dann, wenn trotz vorhandener Fähigkeiten und rationaler Einsicht dauerhaft emotionale Erfolgshindernisse bestehen, wenn der Mitarbeiter in bestimmten Verhaltensbereichen keinerlei rationale Selbststeuerung besitzt und wenn sein mentales Modell, zum Beispiel über sein Umfeld nicht nachvollziehbar ist.

Es gilt also durchaus kritisch zu prüfen, wann überhaupt Coaching durch den Vorgesetzten einsetzbar ist, bzw. zu unterscheiden zwischen der Indikation zu einem Coaching on-the-job, zu einem Coaching durch einen externen Coach oder zu einer gänzlich anderen Maßnahme.

Literaturverzeichnis

Aristoteles: Rhetorik. Wilhelm Fink, München [5]1995.

Bachmann, Winfried/Priester, Armin: Win-Win. Die Handschrift des erfolgreichen Verkäufers. Junfermann, Paderborn 1992.

Bayer, Hermann: Coaching-Kompetenz. Persönlichkeit und Führungspsychologie. Ernst Reinhardt, München 1995.

Bennis, Warren/Burt, Nanus: Führungskräfte. Campus, Frankfurt a.M./New York 1987.

Berkel, Karl/Herzog, Rainer: Unternehmenskultur und Ethik. Sauer, Heidelberg 1997.

Binnig, Gerd: Aus dem Nichts. Über die Kreativität von Natur und Mensch. Piper, München [4]1992.

Bleicher, Knut: Leitbilder. Orientierungsrahmen für eine integrative Management-Philosophie. Stuttgart: Schäffer-Poeschel 1992.

Bühner, Rolf/Akitürk, Deniz: Die Mitarbeiter mit einer Scorecard führen. In: *Harvard Business Manager*. 22. Jg., H. 4/2000, S. 44–53.

Comelli, Gerhard/Rosenstiel, Lutz von: Führung durch Motivation. Mitarbeiter für Organisationsziele gewinnen. Beck'sche Verlagsbuchhandlung, München 1995.

Conger, Jay A.: Die hohe Kunst des Überzeugens. In: *Harvard Business Manager*. 21. Jg., H. 1/1999, S. 31–41.

Covey, Stephen R.: Die sieben Wege zur Effektivität. Campus, Frankfurt a.M./New York 1994.

Csikszentmihalyi, Mihaly: Flow: Das Geheimnis des Glücks. Klett-Cotta, Stuttgart 1992.

Dörner, Dietrich: Die Logik des Misslingens. Strategisches Denken in komplexen Situationen. Rowohlt, Reinbek [8]2000.

Drucker, Peter: The Practice of Management. Harper & Row, New York 1954.

Fischer, Ingo: Change Management am Beispiel eines Leitbild-Prozesses. In: Knauth, P./Wollert, A. (Hrsg.): Human Resource Management. Neue Formen betrieblicher Arbeitsorganisation und Mitarbeiterführung, Kap. 5.25. Deutscher Wirtschaftsdienst, Köln 2000, S. 1–26.

Fisher, Roger/Ury, William/Patton, Bruce: Das Harvard-Konzept. Sachgerecht verhandeln – erfolgreich verhandeln. Campus, Frankfurt a. M./New York [20]2000.

Glatz, Hans/Lamprecht, Martin: Coaching: Ein Instrument der Unternehmensentwicklung. In: Vogelauer, Werner (Hrsg.): Coaching Praxis. Luchterhand, Neuwied 2000, S. 115–131.

Handy, Charles: Die Fortschrittsfalle. Der Zukunft neuen Sinn geben. Gabler, Wiesbaden 1995.

Heckhausen, Heinz: Motivation und Handeln. Springer, Berlin [2]1989.

Hersey, Paul/Blanchard, Kenneth H.: Management of organizational Behavior Utilizing human resources. Prentice Hall, Englewood Cliffs/NJ [5]1998.

Kälin, Karl (Hrsg.): Captain oder Coach? Neue Wege im Management. Ott-Verlag, Thun 1995.

Kant, Immanuel: Grundlegung zur Metaphysik der Sitten. In: Weischedel, Wilhelm (Hrsg.): Immanuel Kant: Werke in sechs Bänden, Bd. IV. Insel, Frankfurt a.M. 1975, S. 11–102.

Kaplan, Robert S./Norton, David P.: Balanced Sorecard. Strategien erfolgreich umsetzen. Schäffer-Poeschel, Stuttgart 1997.

Kostner, Jaclyn: König Artus und die virtuelle Tafelrunde. Signum, Wien 1998.

Kuhl, Julius: Wille und Persönlichkeit: Funktionsanalyse der Selbststeuerung. In: *Psychologische Rundschau*, Vol. 49/1998, S. 61–77.

Kunz, Gunnar: Ziele partnerschaftlich vereinbaren – ein Weg zum Erfolg. In: *Harvard Business Manager*, Jg. 21, H. 2/1999, S. 79–88.

Looss, Wolfgang: Unter vier Augen. Coaching für Manager. Moderne Industrie, Landsberg 1997.

Magar, Edith-Maria/Frieling, Heribert: Ein christliches Gütesiegel. Der Leitbildprozess in der St. Elisabeth-Stiftung Dernbach. Maria Hilf, Waldbreitbach 2000.

Malik, Fredmund: Führen Leisten Leben. Wirksames Management für eine neue Zeit. DVA, Stuttgart/München 2000.

Müri, Peter/Schmid, Stephan: Praxishandbuch Unternehmenswandel. Ott-Verlag, Thun 1998.

Odiorne, George S.: Management by Objectives. Führungssysteme für die achtziger Jahre. Moderne Industrie, München 1980.

Rheinberg, Falko: Motivation. Kohlhammer, Stuttgart [2]1997.

Rosenstiel, Lutz von: Grundlagen der Organisationspsychologie. Schäffer-Poeschel, Stuttgart 1994.

Rosenstiel, Lutz von: Grundlagen der Führung. In: Rosenstiel, Lutz von/Regnet, Erika/Domsch, Michael E. (Hrsg.): Führung von Mitarbeitern. Handbuch für erfolgreiches Personalmanagement. Schäffer-Poeschel, Stuttgart [4]1999, S. 3–24.

Rosenstiel, Lutz von/Nerdinger, Friedemann W.: Die Münchner Wertestudien – Bestandsaufnahme und (vorläufiges) Resümee. In: *Psychologische Rundschau*, Jg. 51, H. 3/2000, S. 146–157.

Rückle, Horst: Coaching. Econ, Düsseldorf 1992.

Sassen, Hans von: Coaching als Problemlösungs- und Entscheidungshilfe. In: Vogelauer, Werner (Hrsg.): Coaching Praxis. Luchterhand, Neuwied 2000, S. 75–102.

Schein, Edgar H.: Organizational Psychology. Prentice Hall, Englewood Cliffs/ NJ 1965.

Schiller, Friedrich: Was heißt und zu welchem Ende studiert man Universalgeschichte? In: Göpfert, Herbert G. (Hrsg.): Friedrich Schiller: Werke in drei Bänden, Bd. II. Wissenschaftliche Buchgesellschaft, Darmstadt [5]1984, S. 9–22.

Schmidt-Topphoff, Markus: Strategische Zielsetzung – Ein Instrument, um Strategien zu kommunizieren und partizipativ in Ziele umzusetzen. In: Braun, Ottmar L. (Hrsg.): Ziele und Wille in der Psychologie. Grundlagen und Anwendungen. Empirische Pädagogik, Landau 1998, S. 221–233.

Schulz von Thun, Friedemann: Miteinander reden 1. Störungen und Klärungen. Psychologie der zwischenmenschlichen Kommunikation. Rowohlt, Reinbek 1989.

Schulz von Thun, Friedemann: Miteinander reden 3. Das »Innere Team« und situationsgerechte Kommunikation. Rowohlt, Reinbek 1998.

Schüz, Mathias: Werte – Risiko – Verantwortung. Dimensionen des Value Managements. Gerling Akademie, München 1999.

Senge, Peter M.: Die fünfte Disziplin. Kunst und Praxis lernender Organisation. Klett-Cotta, Stuttgart 1996.

Senge, Peter M. u.a.: The dance of change. Die zehn Herausforderungen tiefgreifender Veränderungen in Organisationen. Signum, Wien 2000.

Shazer, Steve de: Der Dreh. Carl-Auer-Systeme, Heidelberg 1997.

Simon, Fritz B./Rech-Simon, Christel: Zirkuläres Fragen. Carl-Auer-Systeme, Heidelberg 1999.

Spaemann, Robert: Personen. Versuche über den Unterschied zwischen »etwas« und »jemand«. Klett-Cotta, Stuttgart 1996.

Sprenger, Reinhard: Mythos Motivation. Campus, Frankfurt a.M./New York 1991.

Stengel, Martin: Psychologie der Arbeit. Beltz Psychologie Verlags Union, Weinheim 1997.

Stettler, Werner/Lochner, Dorette: Feedback. Unveröffentlichtes Seminarmanuskript 1992.

Stroebe, Rainer W.: Arbeitsmethodik I. Sauer, Heidelberg [7]1996b.

Stroebe, Rainer W.: Grundlagen der Führung. Sauer, Heidelberg [9]1996a.

Thomas, Angela: Coaching in der Personalentwicklung. Hans Huber, Bern 1998.

Ulrich, Dave: Human Resource Champions. The next agenda for adding value and delivering results. Harvard Business School Press, Boston 1997.

Ulrich, Dave/Zenger, Jack/Smallwood, Norm: Ergebnisorientierte Unternehmensführung. Campus, Frankfurt a.M./New York 2000.

Ulrich, Peter: Integrative Wirtschaftsethik. Grundlagen einer lebensdienlichen Ökonomie. Haupt, Wien 1997.

Vogelauer, Werner (Hrsg.): Coaching Praxis. Luchterhand, Neuwied 2000.

Whitmore, John: Coaching für die Praxis. Campus, Frankfurt a.M./New York 1996.

Wood, Robert E./Locke, Edwin A.: Goal setting und strategy effects on complex tasks. In: Staw, Barry M./Cummings, L.L. (eds.): Research in Organizational Behavior. Vol. 12. Jai, London 1990, S. 73–109.

Zeus, Perry/Skiffington, Suzanne: The complete guide to coaching at work. McGraw Hill, New York 2000.

Bildnachweis

S. 24:	Thomas Plaßmann/Baaske Cartoons
S. 27:	Björn Holm/Baaske Cartoons
S. 36:	Walter Hanel/Baaske Cartoons
S. 103, 130:	Erik Liebermann/Baaske Cartoons
S. 110, 115:	Martin Guhl/Baaske Cartoons
S. 138:	Etienne/Baaske Cartoons
S. 158:	Mathias Hütter/Baaske Cartoons
S. 173, 184:	Klaus Puth/Baaske Cartoons

»Management und Karriere«

Conny H. Antoni
Teamarbeit gestalten
Grundlagen, Analysen,
Lösungen
Beltz Qualifikation. 2000.
192 Seiten. Pappband.
ISBN 3-407-36020-7

»Gute Teamarbeit ist ein entscheidender Wettbewerbsfaktor
für erfolgreiche Unternehmen.«

Dieser Leitfaden führt vor
Augen, wie mit hervorragender
Teamarbeit komplexe Anforderungen in dynamischen
Märkten bewältigt werden
können.
Termindruck, Koordinations-
probleme, Reibungsverluste:
immer mehr Projektleiter und
Führungskräfte leiden darunter.
Sie fragen sich zunehmend:
Wie führe und entwickle ich
mein Team wirkungsvoll? Wie
können typische Barrieren auf
dem Weg zum Erfolg ausge-
räumt werden? Wie qualifiziere
ich die Teammitglieder? Der
Autor gibt einen tiefen Einblick
in die Dynamik in und zwischen Teams. Er zeigt, wie die
Zusammenarbeit optimiert
wird, welche betrieblichen
Rahmenbedingungen erforderlich sind. Praxisbeispiele verdeutlichen die unterschiedlichen Problemstellungen.
Checklisten helfen, die eigene
spezifische Situation zu
analysieren.

F0042

Beltz Verlag · Postfach 10 01 54 · 69441 Weinheim · www.beltz.de